Manfred Pohl

Wissenschaft, Religion und Politik

Wissen und Glaube in der modernen Gesellschaft

Manfred Pohl

Wissenschaft, Religion und Politik

Wissen und Glaube in der modernen Gesellschaft

Re Di Roma-Verlag

Bibliografische Information der Deutschen Nationalbibliothek:
Die Deutsche Nationalbibliothek verzeichnet diese Publikation in der Deutschen Nationalbibliografie; detaillierte bibliografische Daten sind im Internet über http://dnb.ddb.de abrufbar.

ISBN 978-3-86870-284-2

Umschlagillustration: gb-photodesign.de / photocase.com

www.rediroma-verlag.de
14,95 Euro (D)

Es ist viel besser, wir sind eine schlagkräftige Minderheit, als daß wir eine lahme Mehrheit sind.

Karl Lehmann, Bischof von Mainz,
Vorsitzender der Deutschen Bischofskonferenz

Dr. Manfred Pohl

Wissenschaft, Religion und Politik

Wissen und Glaube in der modernen Gesellschaft

Vorwort

Jemand, der mit der Zeit geht, hat ganz gewiß – welchen Beruf er auch ausüben mag – Berührung mit Erkenntnissen der Naturwissenschaften. Dabei entstehen immer wieder ganz prinzipielle Fragen. Wissen wir schon genug über die Natur? Ist es denn alles richtig, was man zu wissen vorgibt? Ist die Wissenschaft frei von Irrtümern? Könnte manches vielleicht auch ganz anders sein? Und immer wieder stellen wir die Frage nach der absoluten Wahrheit. Ich will dazu ganz emotionslos sagen: Niemand kann die Frage beantworten, es gibt sie nicht, die absolute Wahrheit. Wir Menschen können uns mit der Hilfe unseres Verstandes, mit unserem Denkvermögen, und auch mit den zahllosen Möglichkeiten, die schon geschaffen sind, viele Prozesse und Tatsachen erklären. Wir können prüfen, messen, berechnen und aus bereits Bekanntem neue Resultate erbringen, die alle dazu beitragen, noch weiter voranzukommen und immer kompliziertere Fragen zu lösen. Aber wie viele wir auch beantworten, ebenso viele werden unbeantwortet bleiben, ja, viele neue Fragen entstehen erst durch die beantworteten. Und wissen wir denn immer, ob es richtig ist, was wir tun, kennen wir alle Folgen und Auswirkungen? Häufig nicht. Zu vielen Problemen haben verschiedene Menschen oder auch Gruppen ganz unterschiedliche Auffassungen, jeder hat seine eigene Sicht. Sie resultiert aus seinen Erfahrungen, seiner Ausbildung, seinen Denkstrukturen, seiner Erziehung und anderen Gegebenheiten – das heißt, seinem ganz eigenen, persönlichen Weltbild. Aber sind es nicht gerade die Unterschiede in den Auffassungen, die die Entwicklung vorwärtstreiben, weil sie uns im Widerstreit mit anderen immer wieder zwingen, unsere Erkenntnisse zu überprüfen, neu zu hinterfragen und damit auch ständig zu ändern?

Natürlich gibt es in vielen Fragen gesicherte Kenntnisse, die in unserer modernen Zeit von allen Menschen getragen werden, an denen niemand mehr Zweifel hat. Sie haben sich im Kampf der Widersprüche behaupten können und sind Allgemeingut des Wissens der Menschheit geworden. Aber zu vielen Fragen ist der Kampf noch nicht beendet. Solchen Fragen will ich mich in diesem Buch zuwenden, sie gegeneinander stellen, aufdecken, wohin die Lösungswege zeigen, welche Kräfte den Fortgang fördern oder behindern. Das ist nicht immer bequem. Besonders dann nicht, wenn Wissenschaft und Religion konträr aufeinanderstoßen. Kompliziert und unübersichtlich wird es auch, wenn die Politik in die Gestaltung des Weltbildes eingreift. Besonders zur deutschen Politik der Gegenwart habe ich deshalb deutliche Worte als unumgänglich angesehen.

Die Darstellungen in diesem Buch werden gewiß auf meinem eigenen Weltbild fußen, das ich aber niemandem als die absolute Wahrheit darbieten will. Das Buch ist streitbar, es soll zum Nachdenken Anlaß geben, soll den Sachstreit fördern, soll Widersprüche zeigen, die vorhanden sind und vorhanden sein müssen. Wären sie weg, hörte auch die Entwicklung auf. Diese Erkenntnis ist gesichert.

Umfangreiche Detailausführungen zu den verschiedenen Themenkomplexen, die nicht jeden Leser im gleichen Maße interessieren, habe ich in Anhänge ausgelagert. So kann der Leser den Inhalt des Buches fortlaufend lesen und sich für spezielle Interessen den Anhängen zuwenden. Die am Ende des Textes eingefügten Internetadressen und die Literaturangaben liefern vielfältige weitere Informationen, Tatsachen und Zahlen.

Beelitz im Januar 2011

Manfred Pohl

Inhalt:

Anhänge:

Einleitung

Wenn man sich weltanschaulichen Betrachtungen zuwendet, steht ganz am Anfang eine Grundfrage, ohne deren Beantwortung man kaum zu einer brauchbaren Diskussion kommen kann. Was war denn zuerst da – das Leben oder die unbelebte Materie, das Bewußtsein oder das Sein (die Materie)? Hat ein Bewußtsein, also eine Lebensform, die Materie hervorgebracht oder war es umgekehrt: Ist das Bewußtsein eine Funktion des Seins, geht das Leben aus der Materie hervor?

Ein jeder, der sich selbst diese Fragen stellt, ist dabei, sein Weltbild einer Überprüfung zu unterziehen. Er erfragt damit nämlich seinen eigenen Platz und seine Rolle in der Welt. Bevor man das nicht geklärt hat, kann man sich nicht einordnen, nicht bewerten. Nun könnte ja einer sagen, es sei dieselbe Frage wie die nach dem Huhn und dem Ei – welches von beiden war zuerst da? Aber jeder weiß, diese Frage kann man nicht beantworten. Ganz so simpel ist es sicher nicht. Es gibt Leute, die sagen: Alles was mich umgibt, existiert nur in meinem Kopf. Wenn ich es nicht wahrnehme, ist es nicht da, was ich nicht sehe, existiert nicht. Für diese Denkweise gibt es einen wissenschaftlichen Begriff: Subjektiver Idealismus. In dieser Denkweise gäbe es überhaupt keine Welt, alles wäre nur eine Fiktion des Denkens. Aber wie soll denn dieses Denken entstanden sein? Wer hat es hervorgebracht? Wie hat es begonnen? Geschaffen worden konnte es nicht sein, weil es ja außerhalb dieser Denkweise nichts gibt. Es müßte also da gewesen sein, ewig, es hat nie begonnen. Dann wäre ja der Einzelne ewig. Aber der Einzelne ist nicht ewig, er hat einen Anfang und ein Ende – die Geburt und den Tod. So kommt man also nicht weiter. Es muß also zwei Kategorien geben, eine materielle und eine ideelle. Beide sind in ganz bestimmter Weise voneinander abhängig und bedingen einander. Nun muß man erklären, wie. Dabei kommt man zwingend zur oben gestellten Frage: Was ist das Primäre?

Dazu will ich am Anfang des Buches in sehr gedrängter Art und Weise niederschreiben, was Wissenschaftler über die Entstehung der Welt in vielen Jahrhunderten mühevoller Kleinarbeit herausgefunden haben, Tatsachen, die zweifelsfrei festgestellt sind, zu denen keine Bedenken mehr bestehen, die als gesicherte Fakten anzusehen sind. Wie kommt es, daß auf unserem Planeten Erde hochentwickeltes Leben entstanden ist und ähnliches im Weltall noch nirgends woanders gefunden wurde? Möglicherweise gibt es welches, nur wir kennen es noch nicht. Oder es ist so weit von uns entfernt, daß wir es mit unseren heutigen Möglichkeiten noch nicht finden konnten. Dabei muß man auch bedenken, daß wir Gestirne beobachten, von denen die erhaltenen Informationen schon Tausende oder Millionen Jahre alt sind, weil sie so weit entfernt sind. Dann wäre es unmöglich zu wissen, daß es vorhanden ist. Bleiben wir aber zunächst auf unserer Erde.

1. Das Leben

Unsere Erde ist das einzige bisher bekannte kosmische Objekt, auf dem Bedingungen zur Entstehung des Lebens bestehen. Dabei soll zunächst unbehandelt bleiben, ob dieses Leben geschaffen wurde oder aus der Bewegung der kosmischen Materie entstanden ist. Weil aber nun diese Bedingungen bestehen, ist das Leben vorhanden. Ohne diese Bedingungen könnte es nicht existieren. Das Leben entwickelt sich also in Wechselwirkung mit den Naturkräften, der Ursache für alle Bewegung der Materie. Unter Bewegung in diesem Sinne ist nicht nur die Ortsveränderung in Raum und Zeit zu verstehen, sondern auch alle Veränderungen der Materie hinsichtlich des Aufbaus, der Zusammensetzung und der Strukturierung.

So entstanden wegen der Bewegung der Materie am Anfang in einer sogenannten chemischen Evolution aus einfachen stofflichen Zusammensetzungen größere, komplexere Moleküle, die noch anorganisch waren (Urmoleküle), sich passiv verhielten und durch äußere Energieeinwirkung Veränderungen erfuhren. Sie wurden ständig komplizierter, und auf einer bestimmten Stufe im Hadaikum (Anhang 1) entstanden erste organische Substanzen (Organellen), die unter der Einwirkung von Energie einfache elementare Reaktionen auf äußere Einflüsse zeigten (Abiogenese, vor etwa 4,6 bis 4 Mrd. Jahren) (1). Diese elementaren Gegenwirkungen der Substanzen auf äußere Reize können bereits als die Anfänge des Lebens verstanden werden, obwohl die Zelle noch nicht ausgebildet war. Die Bildung organischer Stoffe leitet aber die biologische Evolution ein. Wann genau von Leben gesprochen werden kann, ist strittig, weil keine Fossilien vorhanden sind, in denen solche Entwicklungsstufen konserviert wären. Als sicher kann aber angesehen werden, daß auf einer bestimmten Stufe verschiedene organische Substanzen in Verbundgruppen zusammengesetzt blieben (organische Polymere), die später dann zu Biopolymeren wurden, somit Grundbausteine der lebenden Organismen bildeten. In der weiteren Evolution trennten sie sich durch eine Zellmembran von der Umwelt ab, womit die Zelle entstand (2). Dies ist der Beginn lebender organischer Strukturen, die durch Abtrennung von der Umwelt mit ihr zu reagieren begannen. Die Grundlage für diese Prozesse ist die Kohlenstoff-Wasserstoff-Chemie, die als Basis für die Entstehung des

Lebens angesehen werden muß. Vorraussetzungen für diese Vorgänge sind

- gemäßigte Temperaturen, das heißt, Temperaturbereiche, in denen Kohlenstoff-Wasserstoff-Synthesereaktionen ablaufen können. Dieser Bereich reicht von einigen Graden unter dem Gefrierpunkt bis zu etwa 250...300 ^{O}C,
- das Vorhandensein von Wasser als Medium für Lösungsvorgänge,
- eingegrenzte Energiestrahlungsspektren, in denen Hochenergiestrahlen kurzer Wellenlängen, die organische Reaktionen unterbinden und organische Verbindungen zerstören, auf einem Minimum bleiben. Voraussetzung dafür ist die Abschirmung der kosmischen Strahlung durch ein das Gestirn umgebendes Magnetfeld.
- das Vorhandensein einer Atmosphäre, mit der Gasaustauschprozesse ablaufen können.

Die Wahrscheinlichkeit des Zusammentreffens dieser Bedingungen auf einem kosmischen Objekt ist sehr gering, dennoch sind wegen ihrer unbegrenzten Anzahl auch andere Gestirne (Planeten, Exoplaneten, Monde in der Nähe heißer Gestirne) als Lebensträger möglich.

Alle Lebensformen haben im Verlaufe der biologischen Evolution zur Sicherung ihres Bestandes arteigene Überlebensstrategien hervorgebracht, das heißt, sie bildeten Fähigkeiten aus, mittels Wirkungen und Gegenwirkungen im System der Naturkräfte ihren Status zu stabilisieren und die Art zu erhalten. Dieser Prozeß vollzieht sich ständig, auch gegenwärtig, auf der Grundlage der Anpassung und der Auslese.

➢ Anpassung ist die Reaktion auf veränderte Umgebungsbedingungen, mit der ein Individuum selbst Veränderungen erfährt, die den Lebenserhalt unter den geänderten Bedingungen ermöglichen. Solche Veränderungen können auch so gravierend sein, daß daraus eine andere Lebensform hervorgeht. Diese Veränderungen werden an die Nachkommen weitergegeben und sichern damit den Bestand der Art. Anpassung führt also einerseits zur Veränderung der Arten und andererseits zur Entstehung neuer Arten (19).

- Auslese ist der Selektionsprozeß, in dem diejenigen Individuen, die sich nicht oder weniger den veränderten Bedingungen anzupassen vermögen, eine geringere Überlebenschance haben und eher absterben, so daß stets die mit den besser angepaßten Eigenschaften überleben und sich fortpflanzen. Auslese ist einer der Schlüssel für die Entwicklung vom niederen zum höheren (20). Das bessere, das stärkere, das geeignetere setzt sich durch.

Aus diesen beiden Prozessen der Wechselwirkung zwischen den Lebensformen und den umgebenden Naturkräften ist im Verlaufe der Evolution eine Vielzahl von Arten hervorgegangen, die in der mehrere Milliarden Jahre währenden Entwicklung immer komplexer wurden, sich auf die verschiedensten Bedingungen spezialisierten, zunehmend kompliziertere Strukturen der Steuerung des Lebens hervorbrachten. Dabei ist ein Vorgang besonders zu bewerten: Es entwickelten sich spezialisierte Zellen, die die Fähigkeit hervorbrachten, bestimmte Umweltbedingungen abzubilden, also im Inneren eines Organismus zu speichern. Das war notwendig geworden, weil der Organismus durch seine Außenhülle von der Umwelt getrennt war. Zweckmäßige Reaktionen auf äußere Bedingungen sind nur möglich, wenn im Inneren des Organismus Informationen über diese Bedingungen vorhanden sind. Zwangsläufig damit mußte nun noch eine andere Gruppe spezieller Zellen entstehen, die sensitiv diese Informationen aus der Umgebung bereitstellten, die Sinneszellen. Und diese Entwicklung war möglich geworden, weil sich durch diese Trennung im Inneren des Organismus spezialisierte Zellen für differenzierte Funktionen behaupten konnten. Das führte endlich zur Herausbildung erster Neuronengebilde und später einfacher gehirnähnlicher Organe, die zusammen mit den Sinneszellen, später Sinnesorganen, ein Steuerungssystem für die Lebensprozesse bildeten. So konnte sich das Leben stabilisieren und zu einem festen Bestandteil auf dem Planeten Erde werden. Mehrere geologische und kosmische Katastrophen, die sich auf der Erde ereigneten, konnten das Leben nun zwar um große Epochen zurückwerfen, es jedoch nicht mehr insgesamt auf der Erde beenden. Ein bekanntes Beispiel dafür ist das Aussterben der Saurier vor etwa 65 Millionen

Jahren, das vermutlich auf einen Asteroideneinschlag auf der Erde zurückzuführen war. Solche Ereignisse verändern die Umweltbedingungen auf dem gesamten Planeten in so drastischer Weise, daß ihnen nicht alle Arten in der notwendigen Anpassungsgeschwindigkeit zu folgen vermögen. Diese Arten sterben deshalb aus. In den letzten 65 Millionen Jahren haben auf der Erde keine strukturzerstörenden Ereignisse stattgefunden, die den gesamten Planeten erfaßten. Dadurch sind keine globalen Rückschläge für das Leben mehr eingetreten. Diese relativ lange Periode der Evolution begünstigte die Entwicklung des Lebens und beschleunigte insbesondere die Bildung hochspezialisierter Hirnstrukturen.

Mit der Entwicklung der Materie zum Gehirn sind komplizierte organische Gebilde entstanden, welche Eigenschaften erlangten, mit Hilfe von Sinnesorganen die umgebende Welt abzubilden und infolgedessen zweckmäßig und überlebensstrategisch auf die außerhalb der Organismen existierenden einflußnehmenden Kräfte zu reagieren. Der Eigenschaft der Umweltabbildung kommt dabei eine Schlüsselstellung zu, ohne sie ist eine zielgerichtete Kommunikation zum Zwecke einer Höherentwicklung unmöglich. Solche Eigenschaften (Abbildung der Realität, Kommunikation, Reaktion) erfahren auf diese Weise eine ständige, fortschreitende Vervollkommnung. Wie alle Vorgänge in der Natur vollzieht sich auch diese Entwicklung nach einem exponentiellen Gesetz, weil die bereits erworbenen Eigenschaften und Fähigkeiten die Herausbildung neuer und höherer unterstützen und fördern (ein exponentielles Gesetz läßt sich durch den Term $y = a \bullet e^{bx}$ beschreiben. Dabei ist y die Ergebnisgröße, x ist der Augsangsparameter, a und b sind prozeßcharakteristische Konstanten). Diese Gesetzmäßigkeit führt zu einer permanenten Beschleunigung der Entwicklung. So ist erklärbar, daß sich im Verlaufe einer erdgeschichtlich relativ kurzen Zeit von etwa 100.000 Jahren aus den vorher noch einfacheren Lebensformen der Mensch entwickelte. Er begann über ein Gehirn zu verfügen, das mit einer zunehmenden Rasanz der Evolution die Fähigkeiten des Analysierens, Verallgemeinerns, Vorausschauens, Schlußfolgerns und Synthetisierens ausbildete, das heißt, es entstand das Denken, es formierte sich die Intelligenz. So erlangte der Mensch die Voraussetzung, die Umwelt systematisch erforschen und gestalten zu können (3).

Der Mensch begann mit dem entstehenden Denkvermögen ein Weltbild zu entwickeln, das mehr beinhaltete, als lediglich die Abbildung der umgebenden Umwelt. Zu beantworten waren mehr und mehr auch Fragen nach den Ursachen für vorgefundene Bedingungen, nach der Herkunft der Kräfte und Einflüsse, nach Möglichkeiten ihrer Beeinflussung und damit der zielgerichteten, planmäßigen Gestaltung der Umwelt. In dieser Phase kann vom Beginn des folgerichtigen Denkens gesprochen werden. Die Entwicklung des Gehirns hatte eine neue Qualität erreicht, die Intelligenz begann zielgerichtet zu forschen, der Mensch brachte Hypothesen und Theorien hervor. Erklärungen für die Vorgänge in der Umwelt vermutete man in unsichtbaren Medien zu finden, die man durch eigenes Verhalten in der einen oder anderen Richtung zu beeinflussen versuchte. Noch heute findet man in verschiedenen Regionen Afrikas und Asiens Volksgruppen mit ähnlichen frühreligiösen Vorstellungen und Gebräuchen. Durch zufallsbedingte Erfolge oder Mißerfolge im Ergebnis dieser Bestrebungen bildeten sich Verhaltensnormen, die personen- oder sachfixiert die eigenen Handlungen steuerten. Auf diese Weise entstand der Glaube an Mythen, Geister und Götter. Der Glaube war für die weitere Entwicklung sehr wichtig. Einerseits schuf er Erklärungen für die Vorgänge in der Natur, in der gesamten Umwelt, andererseits förderte er im Widerstreit mit den Mythen das Bestreben zur eigenständigen Beobachtung und mithin zur Entwicklung selbständiger Tätigkeiten zur bewußten Gestaltung der Umwelt.

2. Der Glaube

Der Glaube ist ein natürlicher und gesetzmäßiger Prozeß in der Entwicklung des Denkens. Er wird hervorgebracht und gesteuert durch das Streben der sich bildenden Intelligenz (des Menschen), Sein und Werden der Welt zu erklären und zu beeinflussen. Er ist untrennbar mit der Entwicklung des Denkens verknüpft und geht aus ihm hervor. Es ist eine Grundeigenschaft allen Denkens, nach Klarheit über die umgebende Welt zu suchen. Entsprechend dem jeweils bestehenden Kenntnisstand werden nicht erklärbare Erscheinungen und Prozesse auf das Wirken überirdischer, außermaterieller und außerhalb menschlicher Denkstrukturen existierender Kräfte ausgelagert. Im Glauben sind diese Kräfte stets Bewußtseinsformen, die über alle Erscheinungen und Prozesse der Welt absolute und nur bedingt beeinflußbare Macht haben, die alles Umgebende geschaffen haben und die Welt uneingeschränkt beherrschen. Aus diesem Erklärungsmodus heraus definiert ist der Glaube eine Eigenschaft des folgerichtigen (logischen) Denkens. Mit Hilfe von Vermutungen werden Erklärungen für unbekannte Phänomene herausgearbeitet, um auf diese Weise die Weltabläufe zu erkennen und verstehen zu lernen. Die auf den Vermutungen fußenden Erklärungen, die sich im praktischen Lebensablauf zum einen Teil als zutreffend, zum anderen Teil als nicht zutreffend offenbaren, werden in der weiteren Entwicklung ständig neu hinterfragt, um im Ergebnis verbesserte Erklärungen zu erhalten (Methode Versuch und Irrtum).

Alle Mythen, Geister, Götter und gegebenenfalls andere überirdische Bewußtseinsformen sind folglich das Ergebnis menschlichen Denkens, der Intelligenz. Real existierende Mythen, Geister, Götter und andere spirituelle Formen außerhalb des menschlichen Denkens gibt es nicht. Intelligenz, die diese Glaubensformen hervorbringt, ist an Materie gebunden, sie ist die Folge einer hochentwickelten Form der Materie, des Gehirns. Ohne die materielle Entwicklungsform des Gehirns gibt es keine Intelligenz und folglich auch keine Mythen, Geister und Götter.

Damit kann die in der Einleitung und in 1. gestellte Frage nach dem Primären der Welt als eindeutig beantwortet gelten: Primär ist das Sein, die Materie. Sie hat sich zu hochkomplizierten Formen entwickelt, die zum Bewußtsein geführt haben.

Der Versuch, die Existenz überirdischer Bewußtseinsformen mit den Mitteln der Vernunft zu beweisen, ist nicht in anerkannter Weise gelungen, man nimmt an, daß es unmöglich ist. Als indirektes Beweisargument verwendet man häufig das Postulat, daß ausschließlich der Glaube zu einem moralischen und konfliktlösenden Handeln führe bzw. dazu befähigen könne. Das ist nicht plausibel und hat auch wenig Aussagekraft für den Wahrheitswert religiösen Glaubens.

Durch die unterschiedlichen Wechselwirkungen der Individuen in den Gruppen und später den gesellschaftlichen Schichten und den entstandenen Hierarchien kristallisierten sich vereinheitlichte Haltungen heraus, die den Glauben der gesellschaftlichen Grundeinheiten bestimmten. Der Glaube erlangte eine Systematisierung. Durch Vermittlung von Lebenserfahrungen und ihre Weitergabe an Nachkommen sowie durch Lehren und Lernen entstanden vereinheitlichte Denkmuster, welche die Mitglieder der Gruppen einten. Der Glaube wurde zur tragenden Denkweise gesellschaftlicher Grundeinheiten. Erfolge in der Lebensführung wurden als Segnung durch die Götter interpretiert, Mißerfolge waren Zeichen der Bestrafung. Es entstanden Religionen [religio, lat. = die Gottesfurcht, der Glaube, der Aberglaube].

In den gesellschaftlichen Gruppen kristallisierten sich einzelne Persönlichkeiten heraus, deren Denken fortgeschrittener als das des Durchschnitts war. Sie gewannen an Einfluß auf die anderen Mitglieder, man maß ihnen höhere Befähigungen im Kontakt mit den Göttern und Geistern und deren Beeinflussung zu. So erlangte in den Religionen der Glaube autoritäre Züge, es schälten sich Einzelne heraus, die mit Hilfe des Glaubens über andere gesellschaftliche Gruppierungen Machtpositionen erlangten. Der Glaube an Gott wurde in verschiedenen Religionen zur Doktrin. Sie besteht in einer unbestreitbaren Bejahung Gottes. Nach christlicher Überzeugung ist der Glaube die persönliche Antwort auf Gottes bzw. Jesu Wort. Dabei geschieht diese Antwort immer in der Gemeinschaft aller Gläubigen und stellvertretend für alle Menschen. Uneinigkeit besteht in der Frage, ob sich die Wirklichkeit des Glaubens im Bewußtsein des Einzelnen vollzieht (protestantische Auffassung) oder ob der Glaube der Kirche bestimmend für den Einzelnen sein muß (katholische Lehre).

Es ist heute überschaubar, daß sich religiöser Glaube und naturwissenschaftliches Denken auf zwei verschiedenen Ebenen befinden. Diese Auffassung hat sich auch im Glauben durchgesetzt, in dem man wie folgt urteilt: Glaube gehöre zum Bereich der Grundentscheidungen, zu denen jeder in irgendeiner Form Stellung beziehen müsse, ohne darüber volle Gewißheit erlagen zu können. Reduziere der Mensch sein Denken nur auf Materielles und experimentell Beweisbares, verarme er, er verschließe sich den großen Fragen über das Leben, sich selbst und Gott. Glaubensinhalte seien weder empirisch belegbar noch ihre Wahrheit nachweisbar oder etwa aus unzureichendem Wissen entstanden (30).

Der letzte Teil des Zitates ist falsch. Entgegen dieser Aussage ist der Glaube doch eben wegen des unzureichenden Wissens entstanden, das in der Frühphase der Menschheitsentwicklung noch nicht erlangt war und noch nicht erlangt werden konnte. Es ist auch unbestritten, daß mit zunehmendem Wissen Glaubensinhalte weichen müssen, die dem Wissenszuwachs nicht mehr standhalten können. Damit ist schließlich auch bewiesen, daß sich tatsächlich religiöser Glaube und naturwissenschaftliches Denken auf zwei verschiedenen Ebenen befinden. Mehr noch, beide Ebenen schließen einander aus. Es kann kein Glaube zu Fragen existieren, zu denen belegtes, also experimentell bestätigtes Wissen vorhanden ist. Das wird in 6. noch detailliert nachgewiesen.

Durch diese Grundhaltung jedoch befreit sich der Glaube selbst von der Forderung nach Beweisführung für seine Richtigkeit.

Darüber hinaus befinden sich Anhänger verschiedener religiöser Glaubensrichtungen wechselseitig in einem spannungsvollen Verhältnis. Für viele scheint die Wahrheit einer bestimmten Glaubensüberzeugung die Falschheit abweichender Glaubensvorstellungen zu implizieren. Dadurch entstehen auch heute noch interreligiöse Konflikte. Gemeinsam ist den meisten christlichen Strömungen der Glaube, daß alles Seiende durch Gott (Jahwe) geschaffen wurde und im Dasein gehalten wird. Im Mittelpunkt dieser Schöpfung steht der Mensch, der aber nicht aus eigener Kraft zum Guten fähig ist

(Erbsünde) und der Liebe Jesu Christi bedarf, um „gerettet" zu werden und „ewiges" Leben zu erlangen. Im Islam gibt es keine explizite Unterstellung der Erbsünde, dort wird jedoch dem strenge Strafe angedroht, der den Weg der Tugend und des Gottesgehorsams verläßt.

Grundlage des Glaubens sind die Heiligen Schriften, welche als von Gott inspiriert angesehen werden. Im Christentum ist dies die Bibel und die Zehn Gebote, insbesondere das Gebot der Nächstenliebe und das Gebot, keine anderen Götter zu verehren. Biblische Texte sind stets interpretationsbedürftig. Zwischen vielen Stellen, die mehr implizit zur Deutung des Glaubensbegriffs verwendbar sind, wird folgende besonders explizite Formulierung häufig diskutiert: „Es ist aber der Glaube das feste Vertrauen auf das Erhoffte, ein Überzeugtsein von dem, was man nicht sieht." Im Islam ist es der Koran, der als einzige Schrift die reine Wahrheit enthalte. Diese Wahrheit ist für alle Gläubigen verbindlich. Das Bestreiten dieser Wahrheit gilt als Unwissenheit oder Unglaube. Ungläubigen oder Unwissenden wird die strenge Strafe Allahs angedroht.

3. Die Seele

Die Mehrzahl der Religionen erklärt das Leben als eine endliche, vorübergehende Existenzphase, die nach dem körperlichen, irdischen Ableben als unbegrenzte, ewige Fortlebensphase in einer dem irdischen Leben nicht zugänglichen Dimension, einem göttlichen Lebensbereich, weitergeführt werde. Ein unsterbliches Medium, ein immaterieller Geist – eine Seele – verlasse mit dem Tod des Individuums den Körper und steige in den himmlischen Bereich auf, in dem dann der ewige Fortbestand gewährt werde.

Im heutigen Sprachgebrauch erklärt man unter Seele die Gesamtheit aller Gefühlsregungen und geistigen Vorgänge beim Menschen. In diesem Sinne ist *Seele* weitgehend mit dem Begriff *Psyche* gleichbedeutend. Seele kann aber auch ein Prinzip bezeichnen, von dem angenommen wird, daß es diesen Vorgängen zugrunde liegt und sie ordnet sowie auch körperliche Vorgänge herbeiführt oder beeinflußt (4). Die religiöse Darstellung der Seele findet ihre materielle Erklärung im Weiterleben der Ideen eines Verstorbenen und seiner persönlichen und gesellschaftlichen Tätigkeitshinterlassenschaften in den Hirnen der Menschen seines Umfeldes, das heißt, der Familie, insbesondere der Nachkommen, der Freunde und Bekannten sowie des gesamten persönlichen und sozialen Kommunikationsfeldes. In all diesen Hirnen existieren Verbindungen, die sich auf das mentale und das materielle Zusammenwirken mit dem Verstorbenen beziehen (Synapsen), mit denen die Verbindung zu ihm während dessen Lebenszeit in vielfältiger Weise geknüpft, gesteuert und aufrechterhalten wurde. Im Maße der Intensität und Vielzahl dieser Synapsen entstehen nach seinem Tod wegen des jähen Verschwindens oder Ausbleibens ihrer Notwendigkeit Verlustgefühle, Bedrücktheit, Betrübnis, Trauer oder psychischer (seelischer) Schmerz. Die Toten hinterlassen Eindrücke, die den Lebenden in ihren Erinnerungen erscheinen, man gedenkt der Toten und ist auf diese Weise mit ihnen verbunden. Das Ableben eines Individuums erzwingt für den Einzelnen oder für gesellschaftliche Gruppen Veränderungen im Ablauf des weiteren Lebens, die nicht erwartet und nicht vorgesehen waren. Noch lange Zeit nach dem Tod wird beurteilt, welche Auffassungen der Verstorbene zu bestimmten aktuellen Vorgängen wohl gehabt oder welche Aktionen er dazu eingeleitet hätte.

Spiritistische Veranstaltungen, in denen reale Kontakte zu Verstorbenen oder deren Seelen hergestellt werden, in denen man mit ihnen sprechen kann, gehören den Bereich der Scharlatanerie und sind Aberglaube. Ein Weiterleben des Verstorbenen nach dem körperlichen Ableben in anderen, dem irdischen Leben unzugänglichen Bereichen gibt es nicht. Der Tod ist kein Prozeß des Überganges, der Aufnahme in übermaterielle Bereiche, der Tod ist für ein Individuum das Ende des Prozesses Leben. Der Tod geht einher mit der Zerstörung der Materieform Gehirn, die den vollständigen und endgültigen Verlust des individuellen Bewußtseins bedeutet. Die Fortsetzung des Lebens ist die Existenz von Nachkommen, die einzelne Eigenschaften der Vorfahren ererben oder erlernen.

Man kann darüber sinnieren, was für den Einzelnen angenehmer oder befriedigender ist: Das Wissen vom Ende durch den Tod, das für den Körper und das individuelle Bewußtsein endgültig und unwiderruflich ist oder der Glaube an die Fortexistenz des Bewußtseins in Form einer Seele oder einer anderen immateriellen Erscheinung in einem übermateriellen, den Lebenden unzugänglichen Bereich bis in alle Ewigkeit. Der Glaube befriedigt sicher stärker den jedem Individuum innewohnenden Selbsterhaltungstrieb, als das Wissen über die Endgültigkeit des Todes. Möglicherweise liegt in der Härte dieser Realität ein starkes Motiv des Einzelnen für die Hinwendung zur Religion.

4. Die Stiftung

Alle Religionen haben in den Zeiten ihrer Entstehung einen oder mehrere Religionsstifter, die durch ihr Wirken in gesellschaftlichen Grundeinheiten, auch in ganzen Völkern, das Vertrauen gewinnen, den von ihnen gepredigten Lehren Glauben zu schenken und ihnen zu folgen. Stets sind die Stifter real existierende Menschen, die über eine Reihe Eigenschaften verfügen, mit denen sie in die Lage versetzt werden, Menschen zu überzeugen und zu manipulieren. Im Christentum ist es Jesus Christus (4 v. d. Z. – 30 n. d. Z.), im 19. Jahrhundert sind es zur Erschaffung der Neuen Bibel (Neuoffenbarung) die *Gottes Schreiber* genannten Wissenschaftler und Schriftsteller Jakob Lorber (1800-1864), Leopold Engel (1858-1931) und Gottfried Mayerhofer (1807-1877). Die Schreiber Gottes können wegen ihrer Leistungen zur Detailmodernisierung der Bibel auf den Stand der Wissenschaft des 19. Jahrhunderts durchaus zu den Religionsstiftern gerechnet werden. Im Islam ist es der Prophet Mohammed (Abul Kasim Muhammad Ibn Abdallah, *570 v. d. Z.), im Buddhismus ist es Buddha (Siddhartha Gautama, Mai 563 v. d. Z. - Mai/April 483 v. d. Z., Angaben nicht eindeutig bewiesen). Im Judentum ist es Mose, dessen Lebensdaten durch die Religionswissenschaft nicht ermittelt werden konnten, so daß auch heute noch die Frage aufgeworfen wird, ob Mose real existiert hat. Einzige Quelle, die eine Aussage über Moses trifft, ist das Alte Testament, die fünf Bücher Mose, Lebensdaten im zweiten Buch Mose, Exodus (14).

Eine Ausnahme in dieser Hinsicht bildet der Hinduismus (26), der keine zentrale Glaubensfigur für alle Hindus und auch keine zentrale Institution (Kirche) hat, somit auch keinen gemeinsamen Religionsstifter. Er hat seinen Ursprung in Indien. Hinduismus besteht genau genommen aus verschiedenen Religionen, die sich gegenseitig beeinflussen und teilweise überlagern, die aber Unterschiede aufweisen in heiligen Schriften, Glaubenslehren, Götterwelt und Ritualen. Die Bezeichnung Hinduismus ist erst spät entstanden und war anfangs eine von außen herangetragene Sammelbezeichnung für die Anhänger verschiedener religiöser Richtungen auf dem indischen Subkontinent, die nicht Christen, Muslime, Buddhisten, Juden oder Jainas waren. Der Begriff entwickelte aber eine beträchtliche Eigendynamik und wurde in der ersten Hälfte des 19. Jahrhunderts unter Englischsprachigen zur Eigenbezeichnung, bald auch zur Identität. Abweichend vom oben Gesagten definiert die indische Verfassung den Hinduismus jedoch so, daß er auch den Jainismus, Buddhismus und Sikhismus umfaßt. Der Hinduismus besteht aus verschiedenen Richtungen mit recht unterschiedlichen Schulen und Ansichten. Einige Indologen und Religionswissenschaftler sprechen nicht von einer einheitlichen Religion, sondern von verwandten Religionen und benutzen deshalb für Hinduismus häufig auch den Begriff Hindu-Traditionen. Die Lehren über spirituelle Belange und sogar die Gottesvorstellungen sind in den einzelnen Strömungen sehr verschieden, selbst die Ansichten über Leben, Tod und Erlösung (Moksha) stimmen nicht überein. Die meisten Gläubigen jedoch gehen davon aus, daß Leben und Tod ein sich ständig wiederholender Kreislauf (Samsara) ist, sie glauben an die Reinkarnation (Wiedergeburt). Für den persönlichen Glauben haben religiöse Lehrer (Gurus) oft einen großen Stellenwert. Nur einzelne Richtungen gehen auf einen bestimmten Begründer zurück. Trotz aller Unterschiede können Hindus der verschiedenen Richtungen weitgehend gemeinsam feiern und beten, wenn auch ihre Theologie und Philosophie nicht übereinstimmt. „Einheit in der Vielfalt" ist eine oft verwendete Redewendung zur Selbstdefinition im modernen Hinduismus (30).

Im folgenden sollen kurze Lebenscharakteristika der oben genannten Religionsstifter gegeben werden in der Darstellungsweise, wie sie die Religionsführungen und die Stifter selbst geben. In allen Lebensdarstellungen der Religionsstifter werden Elemente irrealer (mystischer) Art als Offenbarungen, Eingebungen oder Erscheinungen beschrieben, mit denen ihnen übermenschliche, göttliche Züge verliehen werden, um damit die Gläubigen zu manipulieren. Die Textstellen, in denen die Darstellungen ins Irreale abgleiten, werden in den Lebenscharakteristika durch Unterstreichung hervorgehoben. Die Herkunft der irrealen Elemente ist zweigestaltig. Einerseits benötigen sie die Stifter zum Zwecke ihrer Selbstdarstellung und proklamieren sich selbst als Boten Gottes, andererseits werden sie von den Kirchen in dieser Weise etabliert, um ihre Autorität in der Glaubensgemeinschaft zu sichern.

4.1 Jesus Christus

Jesus von Nazaret (aramäisch *Jeschua* oder *Jeschu*) wurde als erster Sohn Marias in der Familie des aus dem Hause Davids stammenden Nazarener Zimmermanns Joseph wahrscheinlich 4 v. Chr. im letzten Herrschaftsjahr des Königs Herodes von Judäa in Nazaret oder Bethlehem (Galiläa, Palästina) geboren. Die Familie gehörte der jüdischen Glaubensgemeinschaft an. Nach jüdischer Sitte wird er im Tempel beschnitten. Jesus wächst bei seiner Familie in Nazareth auf. Der Legende nach flieht Jesus mit seinen Eltern vor den Häschern des Königs Herodes nach Ägypten. Ca. 8 n. Chr. bleibt Jesus der Legende nach bei einer Pilgerfahrt seiner Eltern in Jerusalem zurück und verblüfft die Schriftgelehrten im Tempel durch seine Weisheit. Er war ein jüdischer Wanderprediger. Das Kind wurde in ein Palästina hineingeboren, das von der römischen Oberherrschaft gekennzeichnet war, die unter dem Prokurator Pontius Pilatus ein besonderes Maß an Grausamkeit entwickeln sollte. Unter der Erfahrung der Fremdherrschaft hatten die Juden ein besonderes religiöses Selbstverständnis entwickelt, das zum einen auf einer rigorosen Gesetzesfrömmigkeit und Dogmatik, zum anderen aber auch auf apokalyptischen Bewegungen aufbaute [*Apokalypse, grch. = Enthüllung, Offenbarung*]. Die apokalyptische Erwartung richtete sich auf die nahe Ankunft eines Messias, der das Weltgericht und die allgemeine Erlösung der Juden herbeiführen sollte. Sie verband sich mit Jesus von Nazareth, weshalb dessen Geburtsort im Einklang mit alttestamentlichen Prophezeiungen über die Herkunft des Messias in einigen späteren Quellen auch in Bethlehem lokalisiert wurde.

Das öffentliche Wirken Jesu wird je nach Evangelium auf eineinhalb bis drei Jahre berechnet. Jesus gehörte zum Kreis Johannes' des Täufers, von dem er sich taufen ließ und dessen Schüler er offenbar zunächst war. Der Nazarener rekrutierte seine ersten Jünger aus diesem Kreis. Mit einer zunehmenden Zahl auserwählter Anhänger zog Jesus durch Palästina, um unter Anknüpfung an die apokalyptisch-messianische Heilserwartung seiner Zeit die nahe Ankunft des "Reichs Gottes" zu verkünden. Der prophetische Prediger ging dabei über die bisherigen jüdischen Vorstellungen hinaus und proklamierte das Reich Gottes zu einem endzeitlichen Heilziel, das bereits begonnen habe und durch seine Person wirksam werde. Jesus erhielt dadurch eine in der Gegenwart verankerte Wirksamkeit und religiöse Führungskraft, die seine Anhänger und Gefolgschaft schon in ihrer gegenwärtigen Lebensführung auf die ethischen Prinzipien des künftigen Reiches

Gottes verpflichteten. Ca. 28 n. Chr. beginnt nach der Taufe Jesu im Jordan durch Johannes den Täufer die Zeit seines öffentlichen Wirkens. Er sammelt 12 Apostel um sich, dazu zahlreiche weitere Anhänger, darunter, untypisch für den jüdischen Kulturkreis, auch Frauen. Jesus zieht mit seiner Anhängerschaft heilend und predigend durch das Land. Die Chronologie der in den synoptischen Evangelien und im später entstandenen Johannesevangelium erzählten Wunder, Reisen und Predigten Jesu kann nicht rekonstruiert werden. Die meisten Wunder werden der Ausschmückung und Phantasie nachkommender Quellenverfasser zugeschrieben. Als historisch gesichert gelten die "Dämonenaustreibungen".

Jesus zieht sich nicht wie Johannes der Täufer in die Wüste zurück, sondern bleibt im Kulturland, wo er in heftigen Widerspruch zu den orthodoxen Schriftgelehrten, besonders durch seinen Umgang mit „Zöllnern und Sündern", gerät. Die Botschaft Jesu besaß nicht nur eine religiöse, sondern auch eine soziale Sprengkraft. Der Religionsführer zeichnete sich durch einen offenen Umgang mit Angehörigen aller gesellschaftlichen Schichten aus. Er nahm sich öffentlich besonders Außenseitern und sozial Geächteten wie einer Ehebrecherin, Zöllnern und Sündern sowie den allgemein unterdrückten Frauen an, was eine deutliche Mißachtung der religiösen und gesellschaftlichen Konventionen seiner Zeit bedeuten konnte. Gegen die alttestamentarisch-jüdische Gesetzesfrömmigkeit postulierte Jesus ein umfassendes Liebesgebot, das die Orientierung am Wohl des Menschen und des Nächsten zum höchsten ethischen Handlungsprinzip erhob (Bergpredigt). Das Verdienst des Nazareners bestand demnach in einer Rückführung des religiösen Gesetzes auf den Menschen selbst.

Die Verkündigung Jesu barg jedoch insofern auch eine politische Sprengkraft, als sie als jüdische Reforminitiative Erneuerung und Aufbruch der jüdischen Gemeinschaft in Aussicht stellte. Der Messias geriet deshalb rasch ins Visier der römischen Statthalterregierung, die seine Ausstrahlung und Integrationskraft als Bedrohung ihres uneingeschränkten Herrschaftsanspruchs empfand. Im vor Pontius Pilatus abgehaltenen Prozeß wurde Jesus vorgeworfen, er habe als "König der Juden" gelten wollen. Da ein solcher Herrschaftsanspruch die römische Hegemonie über Palästina in Frage zu stellen drohte, bescherte ihm der Vorwurf das Todesurteil.

Ca. 30 n. Chr. wird Jesus an einem Freitag in Jerusalem im Frühlingsmonat Nissan von römischen Soldaten gekreuzigt. Das Urteil fällt Pontius Pilatus wohl auf Drängen des „Hohen Rates" der jüdischen Schriftgelehrten. Die

Auslieferung und Verurteilung erfolgt unter dem Vorwand politischer Unruhestiftung, obwohl Jesus sich von der religiös-revolutionären Richtung der Zeloten nachweislich distanziert hat. Nach dem Tod Jesu verkündeten seine Anhänger die Botschaft weiter, indem sie rasch Gemeinden gründeten und mit der Missionsarbeit begannen. Hier entstanden die ersten schriftlich fixierten Quellen über das Leben und Wirken Jesu. Die Erzählung über und der Glaube an die Auferstehung des Messias symbolisierte die fortgesetzte Wirksamkeit und Authentizität der christlichen Heilslehre über den Tod Jesu hinaus.

Als bedeutendste Überlieferung zur Person Jesu entstanden zwischen 65-100 n. Chr. die in griechischer Sprache verfaßten Evangelien ("Gute Botschaft") des Neuen Testaments. Matthäus, Markus, Lukas und Johannes schildern darin jedoch weniger die historische Figur Jesu als vielmehr Leben, Tod und Auferstehung des Christus als Religionsführer und -begründer. Die historische Existenz Jesu ist indes durch römische Geschichtsschreiber wie Tacitus eindeutig nachgewiesen.

Im Judentum wird Jesus heute als jüdischer Apokalyptiker und als Begründer einer jüdischen Sondergemeinschaft anerkannt, ohne daß jedoch seine Kennzeichnung als Messias und Sohn Gottes mitgetragen wird. Der Islam würdigt Jesus als den letzten Propheten, den Allah vor Abu l-Kasim Mohammed auserwählt habe, wobei allerdings sein Kreuzestod in Frage gestellt und die Gottessohnschaft abgestritten wird. Im Hinduismus hat Jesus u. a. durch Mahatma Gandhi große Anerkennung als Guru und spiritueller Lehrer erfahren. Die Buddhisten ehren Jesus als von selbstloser Nächstenliebe erfüllten Menschen, als Bodhisattva. (7) (8)

Im Evangelium nach Mathäus wird das Leben Jesu so dargestellt: (5)

Aus Kapitel 1:
Jakob zeugte Josef, den Mann der Maria, von der geboren ist Jesus, der da heißt Christus.
Die Geburt Jesu Christi geschah aber so: Als Maria, seine Mutter, dem Josef vertraut war, fand es sich, ehe er sie heimholte, daß sie schwanger war von dem Heiligen Geist.
Josef aber, ihr Mann, war fromm und wollte sie nicht in Schande bringen, gedachte aber, sie heimlich zu verlassen.
Als er das noch bedachte, siehe, da erschien ihm der Engel des Herrn im Traum und sprach: Josef, du Sohn Davids, fürchte dich nicht, Maria, deine

Frau, zu dir zu nehmen; denn was sie empfangen hat, das ist von dem heiligen Geist.
Und sie wird einen Sohn gebären, dem sollst du den Namen Jesus geben, denn er wird sein Volk retten von ihren Sünden.
Das ist aber alles geschehen, damit erfüllt würde, was der Herr durch den Propheten gesagt hat, der da spricht (Jesaja 7,14):
„Siehe, eine Jungfrau wird schwanger sein und einen Sohn gebären, und sie werden ihm den Namen Immanuel geben", das heißt übersetzt: Gott mit uns.
Als nun Josef vom Schlaf erwachte, tat er, wie ihm der Engel des Herrn befohlen hatte, und nahm seine Frau zu sich.
Und er berührte sie nicht, bis sie einen Sohn gebar; und er gab ihm den Namen Jesus.

Kapitel 2:
Die Weisen aus dem Morgenland
Als Jesus geboren war in Bethlehem in Judäa zur Zeit des Königs Herodes, siehe, da kamen Weise aus dem Morgenland nach Jerusalem und sprachen:
Wo ist der neugeborene König der Juden? Wir haben seinen Stern gesehen im Morgenland und sind gekommen, ihn anzubeten.
Als das der König Herodes hörte, erschrak er und mit ihm ganz Jerusalem, und er ließ zusammenkommen alle Hohenpriester und Schriftgelehrten des Volkes und erforschte von ihnen, wo der Christus geboren werden sollte.
Und sie sagten ihm: In Bethlehem in Judäa; denn so steht geschrieben durch den Propheten (Micha 5,1): «
Und du, Bethlehem im jüdischen Lande, bist keineswegs die kleinste unter den Städten in Juda; denn aus dir wird kommen der Fürst, der mein Volk Israel weiden soll.»
Da rief Herodes die Weisen heimlich zu sich und erkundete genau von ihnen, wann der Stern erschienen wäre,
und schickte sie nach Bethlehem und sprach: Zieht hin und forscht fleißig nach dem Kindlein; und wenn ihr's findet, so sagt mir's wieder, daß auch ich komme und es anbete.
Als sie nun den König gehört hatten, zogen sie hin. Und siehe, der Stern, den sie im Morgenland gesehen hatten, ging vor ihnen her, bis er über dem Ort stand, wo das Kindlein war.
Als sie den Stern sahen, wurden sie hoch erfreut

und gingen in das Haus und fanden das Kindlein mit Maria, seiner Mutter, und fielen nieder und beteten es an und taten ihre Schätze auf und schenkten ihm Gold, Weihrauch und Myrrhe.
Und Gott befahl ihnen im Traum, nicht wieder zu Herodes zurückzukehren; und sie zogen auf einem andern Weg wieder in ihr Land.

Die Flucht nach Ägypten
Als sie aber hinweggezogen waren, siehe, da erschien der Engel des Herrn dem Josef im Traum und sprach: Steh auf, nimm das Kindlein und seine Mutter mit dir und flieh nach Ägypten und bleib dort, bis ich dir's sage; denn Herodes hat vor, das Kindlein zu suchen, um es umzubringen.
Da stand er auf und nahm das Kindlein und seine Mutter mit sich bei Nacht und entwich nach Ägypten
und blieb dort bis nach dem Tod des Herodes, damit erfüllt würde, was der Herr durch den Propheten gesagt hat, der da spricht (Hosea 11,1): „Aus Ägypten habe ich meinen Sohn gerufen."

Der Kindermord des Herodes
Als Herodes nun sah, daß er von den Weisen betrogen war, wurde er sehr zornig und schickte aus und ließ alle Kinder in Bethlehem töten und in der ganzen Gegend, die zweijährig und darunter waren, nach der Zeit, die er von den Weisen genau erkundet hatte.
Da wurde erfüllt, was gesagt ist durch den Propheten Jeremia, der da spricht (Jeremia 31,15): «
In Rama hat man ein Geschrei gehört, viel Weinen und Wehklagen; Rahel beweinte ihre Kinder und wollte sich nicht trösten lassen, denn es war aus mit ihnen.»

Die Rückkehr aus Ägypten
Als aber Herodes gestorben war, siehe, da erschien der Engel des Herrn dem Josef im Traum in Ägypten
und sprach: Steh auf, nimm das Kindlein und seine Mutter mit dir und zieh hin in das Land Israel; sie sind gestorben, die dem Kindlein nach dem Leben getrachtet haben.
Da stand er auf und nahm das Kindlein und seine Mutter mit sich und kam in das Land Israel.
Als er aber hörte, daß Archelaus in Judäa König war anstatt seines Vaters Herodes, fürchtete er sich, dorthin zu gehen. Und im Traum empfing er Befehl von Gott und zog ins galiläische Land

und kam und wohnte in einer Stadt mit Namen Nazareth, damit erfüllt würde, was gesagt ist durch die Propheten: Er soll Nazoräer heißen.

Aus Kapitel 4:
Krankenheilungen in Galiläa

Und Jesus zog umher in ganz Galiläa, lehrte in ihren Synagogen und predigte das Evangelium von dem Reich und heilte alle Krankheiten und alle Gebrechen im Volk.
Und die Kunde von ihm erscholl durch ganz Syrien. Und sie brachten zu ihm alle Kranken, mit mancherlei Leiden und Plagen behaftet, Besessene, Mondsüchtige und Gelähmte; und er machte sie gesund.
Und es folgte ihm eine große Menge aus Galiläa, aus den Zehn Städten, aus Jerusalem, aus Judäa und von jenseits des Jordans.

Aus Kapitel 10:
Entzweiungen um Jesu willen

Ihr sollt nicht meinen, daß ich gekommen bin, Frieden zu bringen auf die Erde. Ich bin nicht gekommen, Frieden zu bringen, sondern das Schwert.
Denn ich bin gekommen, den Menschen zu entzweien mit seinem Vater und die Tochter mit ihrer Mutter und die Schwiegertochter mit ihrer Schwiegermutter.
Und des Menschen Feinde werden seine eigenen Hausgenossen sein.
Wer Vater oder Mutter mehr liebt als mich, der ist meiner nicht wert; und wer Sohn oder Tochter mehr liebt als mich, der ist meiner nicht wert.
Und wer nicht sein Kreuz auf sich nimmt und folgt mir nach, der ist meiner nicht wert.
Wer sein Leben findet, der wird's verlieren; und wer sein Leben verliert um meinetwillen, der wird's finden.

Aufnahme um Jesu willen

Wer euch aufnimmt, der nimmt mich auf; und wer mich aufnimmt, der nimmt den auf, der mich gesandt hat.
Wer einen Propheten aufnimmt, weil es ein Prophet ist, der wird den Lohn eines Propheten empfangen. Wer einen Gerechten aufnimmt, weil es ein Gerechter ist, der wird den Lohn eines Gerechten empfangen.
Und wer einem dieser Geringen auch nur einen Becher kalten Wassers zu trinken gibt, weil es ein Jünger ist, wahrlich ich sage euch: es wird ihm nicht unbelohnt bleiben.

Aus Kapitel 12:
Die Sünde gegen den Heiligen Geist
Darum sage ich euch: Alle Sünde und Lästerung wird den Menschen vergeben; aber die Lästerung gegen den Geist wird nicht vergeben.
Und wer etwas redet gegen den Menschensohn, dem wird es vergeben; aber wer etwas redet gegen den heiligen Geist, dem wird's nicht vergeben, weder in dieser noch in jener Welt.

4.2 Jakob Lorber

Am linken Drauufer inmitten von Weinbergen in der Ortschaft Kanischa de Pfarre Jahring (untere Steiermark, heute Slowenien), wo der Vater Michael Lorber seine Bergholdengründe bewirtschaftete, wurde Jakob Lorber am 22. Juli 1800 geboren.

Und nicht zufällig - so darf man mit Bestimmtheit annehmen - wuchs er in einem armen, jedoch für Kunst und Religion offenen Haus in dieser ländlichen Umgebung auf. Von seinem Vater hatte er eine vielseitige musikalische Begabung geerbt und von ihm erhielt er auch die erste Ausbildung im Geigen-, Klavier- und Orgelspiel. Später, als Jakob das Gymnasium in Marburg an der Drau besuchte, verdiente er sich die nötigen Mittel dazu bereits als Organist in einer der Stadtkirchen. Sein Diplom als Hauptschullehrer erwarb er 1829 in Graz, der steiermärkischen Landeshauptstadt. Dort fand er aber keine entsprechende Anstellung, so daß er weiterhin intensive Musikstudien betrieb, komponierte, Gesangs- und Violinen-Unterricht gab und gelegentlich auch auf öffentlichen Konzerten spielte.

Während dieser Jahre schlug Jakob Lorber, seiner Neigung zu geistiger Vertiefung folgendend, aber auch den ,,Weg nach innen" ein und las u. a. Justinus Kerner, Jung-Stilling, Swedenborg, Jakob Böhme und Johann Tennhardt. Niemals aber trennte er sich von der Bibel, die ihm bis an sein Lebensende eine Quelle der Inspiration blieb.

Als ihm, der trotz seiner vielen Fähigkeiten doch nur von der Hand in den Mund lebte, endlich eine feste Kapellmeisterstelle an der Oper in Triest angeboten wurde und er im Begriff war, sich in den Dienst der Welt zu stellen, erhielt er seine Berufung zum "Schreibknecht Gottes":

Am frühen Morgen des 15. März 1840 - er hatte gerade sein Morgengebet verrichtet - vernahm er an der Stelle seines Herzens eine Stimme, die deutlich zu ihm sprach: „Steh auf, nimm deinen Griffel und schreibe!“

Er ließ seine Reisevorbereitungen im Stich, setzte sich mit Griffel und Papier zurecht und schrieb gehorsam alles nieder, was ihm die geheimnisvolle Stimme diktierte. Es war die Einleitung zu seinem ersten Werk „Die Haushaltung Gottes“: „So spricht der Herr für jedermann, und das ist wahr und getreu und gewiß: Wer mit Mir reden will, der komme zu Mir und Ich werde ihm die Antwort in sein Herz legen. Jedoch die Reinen nur, deren Herz voll Demut ist, sollen den Ton Meiner Stimme vernehmen. Und wer Mich aller Welt vorzieht, Mich liebt, wie eine Braut ihren Bräutigam, mit dem will Ich Arm in Arm wandeln. Er wird Mich allezeit schauen wie einen Bruder den anderen Bruder, und wie Ich ihn schaute schon von Ewigkeit her, ehe er noch war."

In dieser Stunde des ersten Diktats vom Herrn brach das Unerwartete und Unerhörte in Jakob Lorbers Leben vehement herein. Während der nächsten 24 Jahre unterbrach er nur selten noch seine vom Verstand aus unbegreifliche Tätigkeit. Er schrieb meist täglich mehrere Stunden ununterbrochen, ohne in Büchern nachzuschlagen, und ohne die vielfachen Kenntnisse, die ihm durch das Innere Wort aus der Feder flossen. Sein Leben wurde ab der Zeit einzig vom Gehorsame gegenüber dieser inneren Stimme erfüllt. (6)

4.3 Leopold Engel

Schon sehr früh, als elfjähriger Knabe, wurde Leopold Engel durch seinen Vater mit der Tätigkeit Jakob Lorbers bekannt. Später lernte er in Dresden auch den ersten Vertreter von Lorbers Schriften, Johannes Busch flüchtig kennen. Nie ist ihm jedoch der Gedanke gekommen, einmal selbst zum Schreiber berufen zu werden. Er wuchs zwar in religiösen Verhältnissen auf, unterschied sich jedoch nicht weiter von anderen Knaben seines Alters. In Dresden erhielt er eine gute Schulbildung, wobei er ein besonderes Interesse für die Naturwissenschaften zeigte. Sein Vater war ein vortrefflicher Künstler und Violinenspieler, der unter Kaiser Nikolaus am Kaiserlichen Theater zu Petersburg als Konzertmeister angestellt war und dort auch pensionsberechtigt wurde. Leopold Engel wuchs in seiner inneren Überzeugung selbstständig, ohne Zwang seines Vaters, manchmal recht schwankend und auch sehr weltlich auf. Im Innersten seines Herzens jedoch besaß er ein Heiligtum, das er verbarg und nicht berühren ließ von Leugnern und Spöttern: und das war und ist sein unbedingter Glaube an die Wesenhaftigkeit Gottes in Christo.

Mit zweiundzwanzig Jahren ging Engel zur Bühne und errung als Schauspieler an verschiedenen Theatern nicht unbedeutende Erfolge. Die Theaterlaufbahn befriedigte ihn auf die Dauer aber nicht. Er suchte deshalb, jedoch mit geringem Erfolge, nach einer Tätigkeit, die keinen fortwährenden Ortswechsel bedingte. Nach einigen vergeblichen Versuchen kam er wieder ans Theater zurück. Im Jahre 1889 konnte er endlich der Bühne den Rücken kehren und bestritt seitdem als Schriftsteller seinen bescheidenen Lebensunterhalt.

Wie er dann 1891 die Berufung erhielt, das Werk - Das große Evangelium Johannes - abzuschließen, erzählte er selbst, wie folgt:

„Ich hatte mit einem Geistesfreund ein Abkommen getroffen, ihm in seinen geschäftlichen Unternehmungen behilflich zu sein und eine Erfindung, die dieser gemacht hatte, aufzubauen und womöglich zu verbessern. Ich begab mich deswegen nach Leipzig und wohnte bei diesem Freund. Nach einiger Zeit verfolgte mich konsequent der immer stärker werdende Gedanke, ich würde imstande sein, den Schluß des Lorberschen Johanneswerkes zu schreiben. Ich lehnte diesen Gedanken ab; er schien mir phantastisch und unwahr. Wie sollte gerade ich zu dieser Gnade kommen?! Ich fühlte mich keineswegs dazu würdig. Aber die innere Pressung nahm täglich zu, so daß sie unerträglich wurde und ich meinem Freunde das Erlebnis, auch meine Verstandesmeinung, daß da nur Falsches zum Vorschein kommen würde, mitteilte. Mein Freund schüttelte den Kopf und meinte trocken: „Ich würde mich an ihrer Stelle ruhig hinsetzen und drauflosschreiben. Wenn es Unsinn ist, was da zum Vorschein kommt, werden wir das schon herausfinden und werfen das Geschriebene in den Papierkorb.“ Kurz, er machte mir Mut, und ich folgte seinem Rat. Das Ergebnis kann jeder im Schlußband lesen. ...“ (6)

4.4 Gottfried Mayerhofer

Im siebenten Jahr nach Jakob Lorbers Heimgang empfing Gottfried Mayerhofer in Triest im März 1870 in der Fortsetzung der Neuoffenbarung das erste Diktat des Herrn.

In München als Offizierssohn geboren, schlug Gottfried Mayerhofer ebenfalls die Militärlaufbahn ein, hielt aber auch Vorlesungen über Mathematik, musizierte und komponierte und bildete sich in der Landschaftsmalerei aus.

Als der bayerische Prinz Otto griechischer König wurde, meldete sich Mayerhofer als Major freiwillig zu dessen persönlicher Suite und kam so nach Griechenland. Dort heiratete er die Tochter eines Athener Großkaufmanns, Aspasia von Isay.

Einige Jahre später verlegte sein Schwiegervater sein Handelsunternehmen nach Triest, und auf Drängen Aspasias, die sehr an ihrem Vater hing, quittierte Mayerhofer seinen Militärdienst am griechischen Königshof, und die ganze Familie übersiedelte nach Triest. Doch da Griechenland keine Pensionen ins Ausland zahlte, hatte Mayerhofer jetzt kein festes Einkommen mehr; um finanziell aber nicht ganz von seiner Frau abhängig zu sein, widmete er sich anhand seiner zahlreichen aus Griechenland mitgebrachten Skizzen nun recht intensiv der Landschaftsmalerei.

Durch die Bekanntschaft mit dem nach Triest versetzten Grazer Militärarzt Dr. Waidele, der in Graz zum engeren Kreis um Jakob Lorber gehört hatte und dann auch in Triest weiterhin eifrig Lorber-Texte abschrieb, wurde Gottfried Mayerhofer mit der Neuoffenbarung bekannt; und zur Mithilfe an der Weiterverbreitung dieses "Neuen Lichtes", das ihn begeisterte, begann er ebenfalls Lorber-Texte (meist aus der Handschrift Waideles) abzuschreiben. So wurde Mayerhofer auch geistig erweckt und zu einem Werkzeug des Herrn vorbereitet. Durch Dr. Waidele wurde auch der seit Jahren schwerkranke Triestiner Marinearzt Dr. Medeotti zu Lorber geführt und nach einer erfolgreichen Anwendung der Lorberschen Sonnenkur ebenfalls ein glühender Anhänger und Apostel der Neuoffenbarung.

Um diese Zeit arbeitete aber auch der nachmalige Verleger der Neuoffenbarung und Gründer des Lorber-Verlages in Bietigheim, Christoph Friedrich Landbeck - den stets die mystische Seite des Lebens beschäftigt hatte - in seinem erlernten Beruf als Schildermaler in Triest, und zwar in jener Werkstatt, wo Gottfried Mayerhofer die Blendrahmen für seine Ölgemälde anfertigen ließ. So kam es im Frühjahr 1870 zur persönlichen Bekanntschaft des damals dreißigjährigen Landbeck mit dem "alten Major", der ihm die kleine Lorberschrift "Die Fliege" schenkte und den neuen jungen Freund, der damals noch "nach dem Schlußstein seiner Weltanschauung suchte", ebenfalls für das "Neue Licht" gewann.

Somit war nun ein solides Band zwischen Lorber und der vorerst noch kleinen Triestiner Gemeinde geknüpft.

In dieser Zeit hatte sich Gottfried Mayerhofer durch die abendliche und oft auch noch nächtliche Schreibarbeit - denn das Tageslicht gehörte der Malerei - ein Augenleiden zugezogen und mußte am Star operiert werden. Daraufhin entschloß sich Landbeck, seine Schildermalerei aufzugeben und sich ganz in den Dienst der Triestiner Lorbergemeinde zu stellen. Er schrieb nun nach Mayerhofers Diktat und magnetisierte auch im Auftrage des Herrn täglich dessen kranke Augen, daß sie nicht schlechter würden. Dazwischen besuchte und "bediente" Landbeck auch die Patienten von Dr. Medeotti.

Im März 1870 empfing Gottfried Mayerhofer erstmals eine Kundgabe des Herrn, und in den folgenden sieben Jahren bis zu seinem Heimgang am Karfreitag 1877 entstanden dann neben zahlreichen Gelegenheitsworten die beiden großen Zyklen der "Schöpfungsgeheimnisse" und der "Lebensgeheimnisse" sowie die einzigartige Sammlung der 53 "Predigten des Herrn" für alle Sonntage des Kirchenjahres.

Zum Vorgang der Inspiration und des Schreibens berichtet Landbeck in seinen Lebenserinnerungen, daß Mayerhofer das zu Beschreibende gewöhnlich beim Erwachen zunächst wie in einem lebenden Bilde oder als Panorama in herrlicher Klarheit geistig erschauen durfte; während des späteren Niederschreibens in ununterbrochenem Bleistiftfluß verblaßten dann diese Schauungen. Öfter war es Gottfried Mayerhofer auch gegeben, den geistigen Menschen hinter der natürlichen Hülle zu sehen. Überdies bezeugt Landbeck auch Mayerhofers "Gabe zu heilen, vielen zum Segen".

Als der erste Verleger der Lorberschriften, Johannes Busch in Dresden, im Jahre 1877 (damals schon ein vierundachtzigjähriger Greis) nach siebenjähriger Arbeit die Drucklegung des ganzen Johannes-Werkes vollendet hatte und dabei in arge Geldnot geraten war, sprang Gottfried Mayerhofer helfend und rettend ein, der trotz seiner kranken Augen wieder zu malen begonnen hatte, um Mittel für Dresden zu verschaffen. Als Zeugen dieses Liebesdienstes Mayerhofers für das Neuoffenbarungswerk befinden sich noch heute drei Ölgemälde von seiner Hand im Besitze des Lorber-Verlages in Bietigheim. Die Texte der beiden natur- und zugleich geisteswissenschaftlichen Zyklen Gottfried Mayerhofers, die "Schöpfungsgeheimnisse" und die "Lebensgeheimnisse" - von welchen Diktaten etliche durch mündliche oder briefliche Anfragen veranlaßt worden waren -, hatten schon in ihrer Zeit höchste Aktualität, die sie bis heute nicht eingebüßt haben.

Es war die Epoche der geradezu explosiven Entfaltung aller naturwissenschaftlichen Disziplinen; die Wissenschaft wähnte sich auf einem Siegeszug ohnegleichen, eine Erfindung folgte der anderen, der Verstand und mit ihm der Materialismus feierten Triumphe. Alles aber, was den fünf Sinnen des Menschen nicht unmittelbar oder zumindest experimentell zugänglich war, wurde negiert und war nicht gefragt.

Aus dieser geistigen Situation des späten neunzehnten Jahrhunderts heraus - die sich in unserer Gegenwart zwar allmählich zu wandeln beginnt, jedoch immer noch überwiegend am rein materialistischen Weltbild orientiert - begreifen wir die unermüdliche Eindringlichkeit, mit welcher der Herr uns durch Gottfried Mayerhofer die geistigen Dimensionen alles Lebendigen in immer wieder neuen Aspekten und tiefgründigen Erläuterungen enthüllt hat und uns Beweise dafür bringt, wie "gar nichts" doch die Materie ist, in die sich der Mensch in Mißachtung der göttlichen Seins-Ordnung vergraben, ja in geistigem Sinne heute bereits begraben hat.

Möge das Wort des Herrn, das uns durch Gottfried Mayerhofer in diesen Texten geschenkt worden ist, als wahre Gnadengabe für unsere Zeit verstanden und jetzt endlich weitum gehört und beherzigt werden, damit "der alte, längst vergessene, zerrüttete Bau des geistigen Menschenlebens wieder aufgebaut werde" (6)

4.5 Mohammed (Abul Kasim Muhammad Ibn Abdallah)

Abul Kasim Muhammad Ibn Abdallah wurde um das Jahr 570 n. Chr. in der Stadt Mekka in Arabien als Mitglied des angesehenen Stammes der Quraisch geboren: Die Quraisch hatten in jener Zeit auf der Arabischen Halbinsel die einflußreichste Position unter den Arabern inne, weil in Mekka das Heiligtum der Kaaba stand. In vorislamischer Zeit war die Kaaba ein Wallfahrtsort für die damals mehrheitlich polytheistischen Araber. Muhammads Vater starb schon vor dessen Geburt und seine Mutter, als er sechs Jahre alt war. Er wurde, wie in jenen Tagen häufig, von einer Amme aufgezogen, später dann von seinem Großvater und danach von seinem Onkel aufgenommen. Sie waren Kaufleute und so wurde auch Muhammad Kaufmann. Zwar besuchte er keine Schule, aber durch die praktische Ausbildung, die mit zahlreichen Reisen verbunden war, erwarb er sich umfassende Kenntnisse. Von seiner Jugend an war er als rechtschaffener Mensch bekannt, was ihm unter seinen Landsleuten den Beinamen al-Amin (der Vertrauenswürdige) einbrachte.

Als er älter geworden war, arbeitete Muhammad für eine reiche Kaufmannswitwe namens Khadidscha. Beeindruckt von seinen Fähigkeiten, besonders auch von seinen Charaktereigenschaften und seiner tadellosen Lebensführung, bot ihm Khadidscha die Ehe an. Sie war zu diesem Zeitpunkt etwa vierzig Jahre alt und Muhammad fünfundzwanzig. Sie heirateten und bekamen vier Töchter und einen Sohn, der kurz nach der Geburt verstarb. Die Überlieferungen berichten, daß sie von da an eine sehr glückliche Ehe führten.

Schon Jahre vor der ersten Offenbarung pflegte Muhammad sich zur Meditation auf einen Berg in der Nähe Mekka zurückzuziehen. Er spürte, daß die Glaubensüberzeugungen, Riten und Traditionen seines Stammes, die auf Vielgötterei gründeten, die Menschen in die Irre führten und von ihrer Bestimmung als Geschöpfe Gottes entfernten. In einer Höhle dachte er über all dieses nach, ohne aber eine Lösung und Perspektive zu finden. Im Jahre 610 n. Chr., als er sich wieder einmal alleine in der Höhle zum Nachsinnen und Gottgedenken zurückgezogen hatte, erschien ihm der Engel Gabriel und verkündete ihm, daß er von dem einen einzigen Gott zum Propheten auserwählt worden sei und übermittelte ihm die ersten Offenbarungen des Korans. Muhammad hatte weder an eine Offenbarung gedacht, noch war ihm dies auf irgendeine Weise geläufig. Ein Engel erschien ihm in der Höhle und forderte ihn auf, etwas zu rezitieren. Er stand so sehr unter dem Eindruck der Begegnung mit dem Engel und seiner Aufforderung, die ersten Verse der Offenbarung des Korans zu lesen, daß er ganz verwirrt nach Hause kam. Zitternd bat er seine Frau, ihn mit Decken einzuhüllen. Er erzählte ihr von seinem Erlebnis und bat sie um Rat. Sie antwortete, daß er allen Menschen gegenüber freundlich und gerecht sei und den Notleidenden zur Hilfe eile. Deshalb glaube sie nicht, daß Gott ihn im Stich lassen würde.

Seine Frau nahm Muhammad dann zu einem Verwandten mit, der in den Heiligen Schriften bewandert war. Muhammad erzählte dem alten Mann alles, was er erlebt hatte. Dieser bestätigte, daß er den Engel Gabriel gesehen hatte, der auch vorher zu den früheren Propheten erschienen war.

Zu allen Zeiten hat es Menschen gegeben, die zu besonderen Einsichten gelangten, seltene Inspirationen erfuhren oder zuvor unbekannte Naturgesetze entdeckten. Sie alle zeigten, daß es eine Art von Erkenntnis gibt, die sich der Reichweite unserer Sinne und der wissenschaftlichen Forschung entzieht. Philosophie und Wissenschaft können darüber nur Vermutungen anstellen. Um diesbezüglich Gewißheit zu erlangen, ist der Mensch abhängig von Gott, der ihm diese Art von Wissen übermitteln kann. Gott erwählt zu diesem Zweck Menschen und beruft sie zu Seinen Propheten oder Gesandten.

Ihnen offenbart er die Wahrheit und das Wissen, damit diese sie den Menschen weitergeben können. Ein Prophet hat zudem die Aufgabe, das ihm Offenbarte zu erläutern, die Menschen anzuleiten und ihnen ein gottergebenes Leben in allen Lebensbereichen vorzuleben, so daß sie ihm auch als Beispiel folgen können.

Unter den zuvor genannten Aspekten, nämlich Gottes Botschaft zu predigen und vorzuleben, unterscheiden sich die Propheten nicht voneinander. So ist es nicht verwunderlich, daß alle die Gottergebenheit [arab.: islam] verkündeten.

Muhammad ist der abschließende der Gesandten Gottes. Muhammad erhielt von Gott den Auftrag, die Einheit und Einzigkeit Allahs [arab.: Gott] zu verkünden. Er klärte seine Landsleute darüber auf, daß die Götzen und Statuen, die sie anzubeten pflegten, keine Macht besaßen. Muhammad versuchte seiner Umgebung klar zu machen, daß nur der eine einzige Gott die Menschen erschaffen hat, sie versorgt und ihre Bitten erhört. Als zweiten wichtigen Punkt der Botschaft Gottes stellte er heraus, daß Allah immer wieder Gesandte unter den Menschen erwählt, die ihnen die Botschaft Gottes übermitteln. Die Propheten sind gleichzeitig damit beauftragt, mit ihrer eigenen Lebensweise ein mustergültiges Beispiel von Gottausgerichtetheit abzugeben.

Als einen wesentlichen Punkt, zu dem die Menschen um ihn keinen Bezug hatten, stellte Muhammad in seiner Verkündigung das Leben nach dem Tod dar. Er erläuterte, daß das irdische Leben eine Prüfung bedeutet. Er wies darauf hin, daß die Menschen nach ihrem Tod am Jüngsten Tag wiedererweckt und – gemäß ihrer Lebensweise im Diesseits - belohnt oder bestraft werden. (9)

4.6 Buddha (Siddhartha Gautama)

Das Wort „Buddha“ bedeutet „der Erwachte“ [Sanskrit, *budh* = erwachen]. Die genauen Lebensdaten Siddhartha Gautamas sind umstritten. Die ältesten Berechnungen ergaben ein Todesjahr, das nach westlicher Zeitrechnung 544 oder 543 v. d. Z. entspricht. Später nahm man als Geburtszeit den Mai 563 v. d. Z. und als Todeszeit den Mai/April 483 v. d. Z. an. Die neuere Forschung hat diese traditionellen Datierungen aber aufgegeben. Gegenwärtig werden unterschiedliche Datierungsvorschläge diskutiert, alle um Jahrzehnte später als die herkömmlichen Annahmen. Die heute vorherrschenden Ansätze für die Todeszeit schwanken zwischen ca. 420 und ca. 368 v. Chr.

Siddhartha Gautama lebte in Nordindien; als sein Geburtsort gilt Lumbini. Sein Vater Suddhodana war Oberhaupt einer der regierenden Familien in der kleinen Adelsrepublik der Shakya, im heutigen indisch-nepalischen Grenzgebiet. Hinweise auf den Königsstand von Buddhas Vater sowie auf den Prunk und die Zeremonien an dessen Hof, denen man besonders in späteren Texten begegnet, sind höchstwahrscheinlich Übertreibungen. Es ist jedoch wahrscheinlich, daß die Familie zumindest dem Adel angehörte. Seine Mutter hieß Maya. Die Eltern nannten ihren Sohn Siddhartha [Sanskrit, *Siddhartha* = der sein Ziel erreicht hat]. Nach der Geburt Siddharthas wurde vorausgesagt, daß er entweder ein Weltenherrscher oder aber, wenn er das Leid der Welt erkennt, jemand werden würde, der Weisheit in die Welt bringt. Er lebte in einem Palast, wo ihm alles, was zum Wohlleben gehörte, zur Verfügung stand und wo er der Überlieferung nach von allem weltlichen Leid abgeschirmt wurde. Sein Vater sah in ihm den idealen Nachfolger und wollte verhindern, daß Siddhartha sich von seinem Reich abwendete. Daher wurde ihm nur selten gestattet, den königlichen Palast zu verlassen und wenn, wurden die Straßen zuvor frei von Alten, Kranken und Sterbenden gemacht. Siddhartha wurde von der indischen Gottheit Brahma drauf hingewiesen, daß er in seinem letzten Leben versprach, sein nächstes Leben zu nutzen, um die Menschheit vom Leid zu befreien.

Eines Tages sah er sich aber doch der Realität des Lebens und dem Leiden der Menschheit gegenübergestellt und erkannte eine Sinnlosigkeit in seinem bisherigen Leben: Die Legende berichtet von Begegnungen mit einem Greis, einem Fieberkranken, einem verwesenden Leichnam und schließlich einem Mönch, woraufhin er beschloß, nach einem Weg aus dem allgemeinen Leid zu suchen. Allerdings ist es bei der „Biographie“ des Buddha sehr schwierig, Legenden von Fakten zu trennen. Mit 29 Jahren, bald nach der Geburt seines einzigen Sohnes Rahula, verließ er sein Kind, seine Frau Yasodhara und seine Heimat und wurde auf der Suche nach der Erlösung ein Asket. Sechs Jahre lang wanderte der Asket Gautama durch das Tal des Ganges, traf berühmte religiöse Lehrer, studierte und folgte ihren Systemen und Methoden und unterwarf sich selbst strengen asketischen Übungen. Da ihn all dies seinen Zielen nicht näher brachte, gab er die überlieferten Religionen und ihre Methoden auf, suchte seinen eigenen Weg und übte sich dabei vor allem in der Meditation. Er nannte dies den „Mittleren Weg“, weil er die Extreme anderer religiöser Lehren meidet.

Siddhartha Gautama erreichte in seinem 35. Lebensjahr das vollkommene Erwachen (Bodhi). Dies geschah am Ufer des Neranjara-Flusses bei Bodhgaya (nahe Gaya im heutigen Bihar) unter einer Pappelfeige, die heute als Bodhi-Baum, (Baum der Weisheit), verehrt wird. Ein Ableger eben jenes Feigenbaumes wurde der Legende nach auf Ceylon eingepflanzt, während der indische Baum verdorrte. Von dort wurde später wiederum ein Ableger entnommen und an die ursprüngliche Stelle in Indien nahe dem 1931 ausgegrabenen Tempelbezirk von Sarnath gepflanzt.

Nach dem Bodhi-Erlebnis hielt Gautama, der Buddha, im Wildpark bei Isipatana (dem heutigen Sarnath) nahe Benares vor einer Gruppe von fünf Asketen, seinen früheren Gefährten, seine erste Lehrrede. Diese fünf wurden damit die ersten Mönche der buddhistischen Mönchsgemeinschaft (Sangha). Von jenem Tage an lehrte und sprach er 45 Jahre lang vor Männern und Frauen aller Volksschichten, vor Königen und Bauern, Brahmanen und Ausgestoßenen, Geldverleihern und Bettlern, Heiligen und Räubern. Die bis heute in Indien bestehenden Unterscheidungen durch die Kastenordnung nahm er als Gegebenheit hin, betonte aber ihre Unwesentlichkeit für das Beschreiten des Wegs, den er lehrte.

Im Alter von 80 Jahren verstarb Gautama der Legende nach in Kushinagar (im heutigen indischen Bundesstaat Uttar Pradesh) an Ruhr, nachdem er ein verdorbenes Gericht verzehrt hatte. Seine Lehren wurden von seinen Jüngern zunächst mündlich weitergegeben und erst etwa zwei bis drei Jahrhunderte nach seinem Tod aufgezeichnet.

Aus religionsphänomenologischer Sicht verkörpert Gautama als religiöse Autorität den Typus des „Stifters“, des „Mystikers“ und den des „Lehrers“. (11)

4.7 Mose (Moses)

Was weltweit von Christen und auch von Gläubigen anderer Religionen propagiert wird, gehört zu den Urbildern des Christentums: der Exodus, die Geschichte vom Auszug der Israeliten aus Ägypten, niedergeschrieben in den fünf Büchern Mose. Es ist eine dramatische Geschichte, die davon handelt, wie ein unterdrücktes Volk durch seinen Gott befreit wird. Dessen Werkzeug ist Moses, der dem widerstrebenden Pharao die Erlaubnis zur Auswanderung abringt. Als dennoch das pharaonische Heer den Israeliten nachsetzt, teilt Gott das Meer, durch das sein Volk flüchtet, anschließend schlagen die Wasser über den Verfolgern zusammen. Auf dem Weg ins Gelobte Land zieht die Schar 40 Jahre lang durch die Wüste. Gott schenkt seinem "auserwählten Volk" die Zehn Gebote und schließt mit ihm einen ewigen Bund.

In all den Jahren der Wanderschaft ist Moses der anerkannte Führer. Er verhindert den Abfall vom Glauben, als Abtrünnige sich ein Goldenes Kalb zum neuen Kultsymbol erwählen, und führt sein Volk in allen Schlachten zum Sieg. Er ist der einzige Prophet der Bibel, der Gott geschaut hat, und selbst im Tod ist er privilegiert: Jahwe begräbt ihn persönlich.

Moses ist eine Schlüsselfigur

Er gilt als Begründer des Monotheismus - das erste der von ihm übermittelten Gebote Jahwes lautet: "Du sollst keine anderen Götter haben neben mir" - und damit als Stifter von Judentum, Christentum und Islam. Ohne ihn fehlte dem Staat Israel die territoriale Legitimation, der Anspruch auf Palästina, auf das von Gott versprochene "Land der Verheißung". Und schließlich ist Moses der Gesetzgeber, dessen Dekalog, die Zehn Gebote, die ethische Ordnung der ganzen Welt beeinflußt hat. Alle brauchen Moses. "Man müßte ihn erfinden, wenn die Tradition nicht von ihm berichtete", schreibt der Alttestamentler Rudolf Smend. (13)

Aber hat Moses überhaupt existiert?

Alles, was wir von Moses wissen, steht in einer einzigen Quelle: dem Alten Testament. Bis in die Zeit der Aufklärung waren die Kirchenlehrer davon überzeugt, daß Moses selber der Verfasser der Bücher des Pentateuch (Erstes bis Fünftes Buch Mose) war. Heute, nach 150 Jahren wissenschaftlicher Bibelkritik, ist diese Annahme verworfen. Ein Redaktionsteam jüdischer Priester hat die fünf Bücher Mose im fünften Jahrhundert v. d. Z. zusammengestellt - erst 800 Jahre nach der Zeit, in der Moses, wenn es ihn denn gab, vermutlich gelebt hat. Die Erzählungen um Mose im Alten Testament sind eng mit den Überlieferungen des Auszuges der Juden aus Ägypten, der Gesetzgebung während der Wüstenwanderung und dem Aufenthalt der Israeliten in Kadesch-Barnea verbunden. Sie sind über weite Teile im Zweiten bis Fünften Buch Mose verstreut und gehören nach der traditionellen Urkundenhypothese verschiedenen Überlieferungsschichten an, die vorwiegend zwischen dem 10. und dem 6. Jahrhundert v. Chr. datiert werden.

Das Ziel der Priester: Mit dem Alten Testament - der Thora, dem Gesetz, wie es im Judentum heißt - wollten sie eine für alle verbindliche Grundlage ihres Glaubens schaffen. Eine historische Begründung für den Bund, den Jahwe, der eine und einzige Gott, mit dem jüdischen Volk geschlossen hatte. Und für diesen Bund bedurfte es eines Mittlers: Moses, des Propheten. (13)

Auszüge aus dem Alten Testament, die fünf Bücher Mose:

Das Zweite Buch Mose, Exodus
Kapitel 2
Moses Geburt und wunderbare Errettung

Und es ging hin ein Mann vom Hause Levi und nahm ein Mädchen aus dem Hause Levi zur Frau.
Und sie ward schwanger und gebar einen Sohn. Und als sie sah, daß es ein feines Kind war, verbarg sie ihn drei Monate.
Als sie ihn aber nicht länger verbergen konnte, machte sie ein Kästlein von Rohr und verklebte es mit Erdharz und Pech und legte das Kind hinein und setzte das Kästlein in das Schilf am Ufer des Nils.
Aber seine Schwester stand von ferne, um zu erfahren, wie es ihm ergehen würde.
Und die Tochter des Pharao ging hinab und wollte baden im Nil, und ihre Gespielinnen gingen am Ufer hin und her. Und als sie das Kästlein im Schilf sah, sandte sie ihre Magd hin und ließ es holen.
Und als sie es auftat, sah sie das Kind, und siehe, das Knäblein weinte. Da jammerte es sie, und sie sprach: Es ist eins von den hebräischen Kindlein.

Da sprach seine Schwester zu der Tochter des Pharao: Soll ich hingehen und eine der hebräischen Frauen rufen, die da stillt, daß sie dir das Kindlein stille?
Die Tochter des Pharao sprach zu ihr: Geh hin. Das Mädchen ging hin und rief die Mutter des Kindes.
Da sprach die Tochter des Pharao zu ihr: Nimm das Kindlein mit und stille es mir; ich will es dir lohnen. Die Frau nahm das Kind und stillte es.
Und als das Kind groß war, brachte sie es der Tochter des Pharao, und es ward ihr Sohn, und sie nannte ihn Mose; denn sie sprach: Ich habe ihn aus dem Wasser gezogen.

Moses Flucht nach Midian
Zu der Zeit, als Mose groß geworden war, ging er hinaus zu seinen Brüdern und sah ihren Frondienst und nahm wahr, daß ein Ägypter einen seiner hebräischen Brüder schlug.
Da schaute er sich nach allen Seiten um, und als er sah, daß kein Mensch da war, erschlug er den Ägypter und verscharrte ihn im Sande.
Am andern Tage ging er wieder hinaus und sah zwei hebräische Männer miteinander streiten und sprach zu dem, der im Unrecht war: Warum schlägst du deinen Nächsten?
Er aber sprach: Wer hat dich zum Aufseher oder Richter über uns gesetzt? Willst du mich auch umbringen, wie du den Ägypter umgebracht hast? Da fürchtete sich Mose und sprach: Wie ist das bekannt geworden?
Und es kam vor den Pharao; der trachtete danach, Mose zu töten. Aber Mose floh vor dem Pharao und hielt sich auf im Lande Midian. Und er setzte sich nieder bei einem Brunnen.
Der Priester aber in Midian hatte sieben Töchter; die kamen, Wasser zu schöpfen, und füllten die Rinnen, um die Schafe ihres Vaters zu tränken.
Da kamen Hirten und stießen sie weg. Mose aber stand auf und half ihnen und tränkte ihre Schafe.
Und als sie zu ihrem Vater Reguïl kamen, sprach er: Warum seid ihr heute so bald gekommen?
Sie sprachen: Ein ägyptischer Mann stand uns bei gegen die Hirten und schöpfte für uns und tränkte die Schafe.
Er sprach zu seinen Töchtern: Wo ist er? Warum habt ihr den Mann draußen gelassen? Ladet ihn doch ein, mit uns zu essen.
Und Mose willigte ein, bei dem Mann zu bleiben. Und er gab Mose seine Tochter Zippora zur Frau.
Die gebar einen Sohn, und er nannte ihn Gerschom; denn, sprach er, ich bin ein Fremdling geworden im fremden Lande.

Lange Zeit aber danach starb der König von Ägypten. Und die Israeliten seufzten über ihre Knechtschaft und schrieen, und ihr Schreien über ihre Knechtschaft kam vor Gott.
Und Gott erhörte ihr Wehklagen und gedachte seines Bundes mit Abraham, Isaak und Jakob.
Und Gott sah auf die Israeliten und nahm sich ihrer an.

Aus Kapitel 3
Moses Berufung
Mose aber hütete die Schafe Jitros, seines Schwiegervaters, des Priesters in Midian, und trieb die Schafe über die Steppe hinaus und kam an den Berg Gottes, den Horeb.
Und der Engel des Herrn erschien ihm in einer feurigen Flamme aus dem Dornbusch. Und er sah, daß der Busch im Feuer brannte und doch nicht verzehrt wurde.
Da sprach er: Ich will hingehen und die wundersame Erscheinung besehen, warum der Busch nicht verbrennt.
Als aber der Herr sah, daß er hinging, um zu sehen, rief Gott ihn aus dem Busch und sprach: Mose, Mose! Er antwortete: Hier bin ich.
Gott sprach: Tritt nicht herzu, zieh deine Schuhe von deinen Füßen; denn der Ort, darauf du stehst, ist heiliges Land!
Und er sprach weiter: Ich bin der Gott deines Vaters, der Gott Abrahams, der Gott Isaaks und der Gott Jakobs. Und Mose verhüllte sein Angesicht; denn er fürchtete sich, Gott anzuschauen.
Und der Herr sprach: Ich habe das Elend meines Volks in Ägypten gesehen und ihr Geschrei über ihre Bedränger gehört; ich habe ihre Leiden erkannt.
Und ich bin herniedergefahren, daß ich sie errette aus der Ägypter Hand und sie herausführe aus diesem Lande in ein gutes und weites Land, in ein Land, darin Milch und Honig fließt, in das Gebiet der Kanaaniter, Hetiter, Amoriter, Perisiter, Hiwiter und Jebusiter.
Weil denn nun das Geschrei der Israeliten vor mich gekommen ist und ich dazu ihre Not gesehen habe, wie die Ägypter sie bedrängen,
so geh nun hin, ich will dich zum Pharao senden, damit du mein Volk, die Israeliten, aus Ägypten führst.
Mose sprach zu Gott: Wer bin ich, daß ich zum Pharao gehe und führe die Israeliten aus Ägypten?
Er sprach: Ich will mit dir sein. Und das soll dir das Zeichen sein, daß ich dich gesandt habe: Wenn du mein Volk aus Ägypten geführt hast, werdet ihr Gott opfern auf diesem Berge.

Aus Kapitel 6

Die Vorfahren Moses und Aarons

Dies sind die Häupter ihrer Sippen: Die Söhne Rubens, des ersten Sohnes Israels, sind diese: Henoch, Pallu, Hezron, Karmi. Das sind die Geschlechter von Ruben.

Die Söhne Simeons sind diese: Jemuël, Jamin, Ohad, Jachin, Zohar und Schaul, der Sohn der Kanaaniterin. Das sind Simeons Geschlechter.

Dies sind die Namen der Söhne Levis nach ihrem Stammesverzeichnis: Gerschon, Kehat, Merari. Und Levi wurde 137 Jahre alt.

Die Söhne Gerschons sind diese: Libni und Schimi nach ihren Geschlechtern.

Die Söhne Kehats sind diese: Amram, Jizhar, Hebron, Usïl. Kehat aber wurde 133 Jahre alt.

Die Söhne Meraris sind diese: Machli und Muschi. Das sind die Geschlechter Levis nach ihrem Stammesverzeichnis.

Amram nahm Jochebed, die Schwester seines Vaters, zur Frau; die gebar ihm Aaron und Mose. Und Amram wurde 137 Jahre alt.

Die Söhne Jizhars sind diese: Korach, Nefeg, Sichri.

Die Söhne Usïls sind diese: Mischaël, Elizafan, Sitri.

Aaron nahm zur Frau Elischeba, die Tochter Amminadabs, Nachschons Schwester; die gebar ihm Nadab, Abihu, Eleasar, Itamar.

Die Söhne Korachs sind diese: Assir, Elkana, Abiasaf. Das sind die Geschlechter der Korachiter.

Eleasar aber, Aarons Sohn, nahm eine Frau von den Töchtern Putïls; die gebar ihm den Pinhas. Das sind die Häupter der Leviten nach ihren Geschlechtern.

Das sind Aaron und Mose, zu denen der HERR sprach: Führt die Israeliten nach ihren Scharen geordnet aus Ägyptenland!

Sie sind es, die mit dem Pharao, dem König von Ägypten, redeten, um die Israeliten aus Ägypten zu führen. Das sind Mose und Aaron.

Allen Religionsstiftern sind bestimmte menschliche Eigenschaften gemeinsam, darunter

- tief verwurzelter religiöser Glaube,
- sehr hohe Intelligenz,
- überdurchschnittlich hochentwickeltes Denkvermögen,
- brillante Beherrschung der Sprache, in der sie auftreten,
- hochentwickelte Rhetorik und überzeugende Theatralik im mündlichen Ausdruck,
- beeindruckendes Charisma, äußerlich ausdrucksstarke Erscheinung.

Zur Unterstreichung und Herauskehrung dieser Eigenschaften baut der Religionsstifter um sich eine Lobby auf, die ihn etabliert.

Mit diesen Eigenschaften ist ein Religionsstifter in der Lage, eine Lehre zu entwickeln und überzeugend darzustellen. Wie in 1. und 2. gezeigt, kann der Stifter keine Eingebung, Erleuchtung oder Offenbarung von Göttern haben, weil Götter ein Resultat aus der Entwicklung des Denkens sind. Was er propagiert, sind infolgedessen seine eigenen Ideen, die er verbreitet. Er ist Vorreiter einer Glaubensmacht, die seine Fähigkeiten ausnutzt, ihn unterstützt und aufbaut. Zur Unterstreichung seiner Kraft wird er als göttlich dargestellt, womit ihm in den Kreisen der Gläubigen überirdische Züge verliehen werden, mit denen er glaubwürdig wird, da er Gottes Wort spricht, gegen das kein Gläubiger widersprechen wird.

In allen religiösen Beschreibungen der Lebensabläufe der Religionsstifter, finden sich Darstellungen, in denen sie durch Eingebungen, Offenbarungen oder Erscheinungen von überirdischen Kräften (Göttern, Geistern, Engeln) zu Gottes Gesandten (Propheten) erklärt werden, die persönlich Gottes Wort verkünden. Damit wird ihnen Macht über alle Gläubigen gegeben. Für den Religionsstifter der Christen, Jesus, wird sogar dessen Geburt mystifiziert. Seiner Mutter Marias Schwangerschaft vom Heiligen Geist, die sogenannte „unbefleckte Empfängnis“, kann mit Sicherheit nach heutigen Erkenntnissen als völlig unglaubhaft in den Bereich des Aberglaubens verwiesen werden. Ebenso gehört es zum allgemein anerkannten Volkswissen, daß es nach dem körperlichen Ableben keine Auferstehung im Sinne der Wiedererlangung des Lebens geben kann.

5. Die Kirchen

Der natürliche, durch die Intelligenzentwicklung entstandene Glaube der Menschen und seine Systematisierung in Religionen hat auf der Grundlage hierarchischer Strukturen zur Herausbildung von Kirchen geführt, die die Religionen fixierten und sich mit ihrer Hilfe durch die Initiierung von demütigem Respekt vor allesbeherrschenden überirdischen Erscheinungen (Geister, Götter) und deren Propheten (in der Regel die Religionsstifter und ihre Nachfolger) die Führung der Menschen und ihres Glaubens aneigneten. Sie entwickelten sich zu Organen der gesellschaftlichen Machtausübung über die Gläubigen. Durch die sich in verschiedenen Regionen der Erde unterschiedlich entwickelnden religiösen Auffassungen bildeten sich differenzierte, verschiedene Religionen und Kirchen heraus. Das führte dazu, daß die Kirchen ihre nun erworbene Macht auch dazu einsetzten, die Religionen zu dogmatisieren und Menschen unterschiedlicher Glaubensrichtungen für bestimmte, miteinander konkurrierende Religionen zu rekrutieren und zu unterwerfen. Darin ist die Ursache für die zahllosen Glaubenskriege zu sehen, von denen die Entwicklung der Menschheit begleitet wurde und noch immer wird. Nahezu alle großen Religionen sind eschatologisch [grch, es-chata = die äußersten/letzten Dinge], d. h., sie beinhalten eine Heilslehre, wonach die Menschheit in Gläubige und Ungläubige untergliedert wird. Nur dem Gläubigen steht das Heil offen, ob im Diesseits oder einem metaphysischen Jenseits nach dem Tode. Die Ungläubigen hingegen erwartet die Bestrafung durch den Gott der Gläubigen. Da das Seelenheil nur bei Hinwendung zum „wahren“ Glauben erlangt werden kann, sind fast alle Religionen missionarisch. Das erklärt die psychischen, agitatorischen und zu bestimmten Zeiten ihrer Entwicklung teilweise gewaltsamen Missionierungszüge der Religionsführungen (z. B. Kreuzzüge im Christentum, Dschihad im Islam).

In dieser Hinsicht unterscheidet sich der jüdische Glaube, der in seiner Entwicklungsgeschichte nicht missionarisch war. Im Judentum können auch Andersgläubige das jüdische Seelenheil erlangen. Zu ihren Lebzeiten können sie in die jüdische Gemeinschaft aufgenommen werden, ohne den jüdischen Glauben anzunehmen. Statt eines inhaltlich festgelegten Glaubens steht nach alter Tradition Gerechtigkeit auf der Grundlage der universellen Nächstenliebe und Gleichheit aller Menschen im Mittelpunkt, was besonders im liberalen Judentum betont wird. Das rabbinische Judentum der Gegenwart bewahrt diese Traditionen und paßt sie an die Moderne an. Im Judentum existiert kein allgemeingültiger, zwingend geforderter Glaube. Das rabbinische Judentum hat den antiken Macht- und Hoheitszentralismus der Tempelpriesterschaft radikal abgelegt. Rabbiner sind keine Priester und jüdische Traditionen verwalten sich hauptsächlich in demokratischen lokalen Gemeinden. Im Gegensatz zum Christentum oder Islam kann im Judentum jeder persönliche Glaube an den ein-einzigen Gott, das ewige Wesen, akzeptiert werden.

Trotz der geringeren Anhängerzahl wird das Judentum zu den Weltreligionen gezählt, weil es fast ein Jahrtausend älter ist und weil in ihm das Christentum und der Islam Ihre Quellen haben.

Die wichtigsten, zahlenmäßig stärksten Religionen, die sich im Laufe der Menschheitsgeschichte herausgebildet und etabliert haben sind:

- das Christentum ca. 2,1 Mrd. Anhänger
- der Islam ca. 1,3 Mrd. Anhänger
- der Hinduismus ca. 850 Mio. Anhänger
- der Buddhismus ca. 375 Mio. Anhänger
- das Judentum ca. 15 Mio. Anhänger

(Zahlen aus 2008) (32)

Zusammen sind das 4,64 Milliarden Menschen, das sind 67,25 % der Menschheit, die Anhänger der größten Weltreligionen sind. 2,26 Milliarden Menschen, das sind 32,75 % der Menschheit, sind andersgläubig oder nicht religiös gebunden.

In den religiösen Auseinandersetzungen stand häufig weiterführendes Hinterfragen der Richtigkeit religiöser Auffassungen durch einzelne hochentwickelte Mitglieder einer Gemeinschaft den aufgestellten dogmatischen Lehren im Wege. Schon sehr frühzeitig begannen einzelne Mitglieder der Gesellschaft, kirchlichen Auffassungen und Dogmen durch reale Beobachtung der Umwelt und Messung tatsächlicher Zusammenhänge zu widersprechen. Solches wissenschaftliches Herangehen gefährdete die kirchlichen Dogmen und wurde zum Beispiel im Christentum auch mit der Macht der Inquisition niedergehalten und unterdrückt. Hauptziel der Inquisition war nach kirchlichem Verständnis die Reinerhaltung des Glaubens. Häretiker (Andersgläubige) oder Ketzer (Irrgläubige) waren von ihrem Weg abzubringen, um auch ihre Seelen dem „ewigen Heil“ zuzuführen. Die Inquisitionsprozesse sollten bei Ketzern in erster Linie zu Reue und Buße führen. Die dazu eingesetzten Mittel reichen bis zu psychischer und physischer Gewalt (Folter). Wo alle Mittel nichts nutzten, sollte der Unglaube jedoch auch durch die physische Vernichtung beendet werden.

Jegliche Religion steht mit dem wissenschaftlichen Fortschritt in Wechselwirkung. Mit fortschreitendem wissenschaftlichen Kenntnisgewinn werden einzelne religiöse Auffassungen aufgehoben, wenn sie zum realen Wissen in Widerspruch geraten und der wissenschaftlichen Erkenntnis nicht mehr standhalten. Das ist ein langwieriger und umfangreicher Kampf der Ideologien. Jedoch können niemals alle Mitglieder einer Gesellschaft gleichartig umfassend wissenschaftlich gebildet sein. Menschliche Intelligenz ist nicht homogen. Stets existiert eine breite Streuung, die von vielen Faktoren bestimmt und beeinflußt wird. In der Bildung der Menschen spezialisiert sich die Intelligenz zu konkretem Fachwissen auf sehr vielen völlig verschiedenen Gebieten. Das bedingt Unterschiede in den Auffassungen zum Glauben und zu religiösen Kategorien, die für ein normal funktionierendes Zusammenleben in der Gesellschaft toleriert werden müssen. So ist für viele auch heute noch der Glaube zum Erlangen und zum Begründen eines notwendigen eigenen Weltbildes unverzichtbar. Das ist ein gesetzmäßig notwendiger Prozeß der Entwicklung des Denkens, der aus einer gesellschaftlichen Struktur nicht herausgelöst werden kann.

Deshalb war zum Beispiel das Bestreben der Staatsführer in sozialistischen Gesellschaftsordnungen, die Nationen geschlossen vom Götterglauben abzubringen, ein nichterreichbares Ziel. Es war strenggenommen eine spezielle Art der Missionierung. Es war der Versuch, traditionell gewachsene Überzeugungen der Menschen mit propagandistischen, agitatorischen und psychischen Mitteln zu unterdrücken. Die kommunistischen Parteien waren die Instrumente, denen eine dogmenähnliche Allmacht zugeschrieben wurde, der zu widersprechen gesellschaftliche Ächtung nach sich zog. In der ehemaligen Sowjetunion konnte man einen Prozeß beobachten, der die Bedeutung des Glaubens unterstreicht. Wer sich in der Sowjetunion dem Glauben und der Kirche zuwandte, untergrub, wie in anderen sozialistischen Ordnungen auch, seine Chancen, in der Gesellschaft anerkannt zu werden. Da aber nahezu alle Probleme des Lebens mit den Lehren der KPdSU gelöst werden sollten, wurde die Partei als alles beherrschendes Instrument untrennbar mit dem Mythos ihres Gründers Wladimir Iljitsch Lenin verbunden. Lenin, nicht nur Gründer der KPdSU, sondern auch der Sowjetunion, war als eine Art allmächtiger Weiser gepriesen, der im Volke wie ein Ersatzgott zu fungieren schien. Man begegnete über Jahrzehnte hinweg einem nicht abreißenden, pilgerähnlichen Menschenzulauf aus allen Teilen der Sowjetunion zum Moskauer Leninmausoleum, oftmals verbunden mit Wartezeiten von mehreren Stunden. Leninzimmer, teilweise Leninmuseen, mindestens Leninecken mit Büsten oder Bildern gab es in allen kulturellen Einrichtungen, in jedem staatlichen und gesellschaftlichen Gebäude, in allen Industriebetrieben und zum Teil auch in privaten Bereichen. Lenindenkmäler gab es in allen Orten, auch in kleineren. Junge Ehepaare legten an ihrem Hochzeitstag Brautsträuße an Lenindenkmälern ab.

Mit zunehmendem Entwicklungsstand der Wissenschaften und mit immer höher werdendem Bildungsstand der Mitglieder der Gesellschaft treten die Irrtümer einer jeden Religion immer deutlicher zutage. Das Ergebnis ist die fortschreitende Abkehr von religiösen Anschauungen und Auffassungen, die dem wissenschaftlichen Fortschritt weichen müssen. Diesem Prozeß wirken traditionelle und früherzieherische Einflüsse sowie auch die gesamtgesellschaftliche Tolerierung und Stützung der Religionsausübung entgegen. Von den Kirchen werden diese wissenschaftlichen Entwicklungen stets so lange wie möglich dogmatisch geleugnet, um ihr Weltbild aufrechtzuerhalten, Machtverlust zu vermeiden und den voranschreitenden Erkenntnisprozeß in Grenzen zu halten. Von einer bestimmten Stufe an wandelt sich deshalb die Rolle der Kirche von ihrer erzieherischen, bildenden und menschenvereinigenden zu einer fortschrittshemmenden, entwicklungsbehindernden Funktion. So stehen Kirchen seit jeher unversöhnlich im Widerspruch zur Wissenschaft. Die massenhafte Verbreitung wissenschaftlicher Kenntnisse schmälert den Einfluß der Kirche auf die Gesellschaft und erzeugt als Gegenkraft das Bestreben, Allgemeinbildung zu behindern. Noch im 17. Jahrhundert betrieben die Kirchenführungen, die selbst intensive wissenschaftliche Forschungen mit Erfolg unterhielten, zur Vorbeugung gegen Abwanderungserscheinungen die Geheimhaltung wissenschaftlicher Kenntnisse vor den Gläubigen. Besonders ausgeprägt sind diese Einflüsse im Islam, der sehr intensiv die Gläubigen an die Religion zu binden versteht, nicht zuletzt auch deshalb, weil er in 20 Ländern der Erde (Anhang 2) staatstragend und machtausübend ist, er ist Staatsreligion. In diesen 20 Ländern leben insgesamt 754,5 Millionen Muslime, das sind 58 % aller Anhänger des Islam.

Aber auch im Inneren der Kirchen bildet sich ein Konflikt heraus zwischen den über Jahrhunderte entstandenen und verteidigten Dogmen und der unvermeidlichen Anerkennung nichtwiderlegbarer Naturgesetze und des sich damit erweiternden Erkenntnisstandes. Dieser Konflikt verlangt die Anpassung der Kirchen und führt zu einem allmählichen Wandel. Im Christentum veranlaßte dieser Konflikt im 19. Jahrhundert die Erschaffung der „Neuen Bibel“, auch genannt „die Krönung des Alten und Neuen Testaments, der Menschheit Rettungsanker für die neue Zeit auf Erden“, mit der das Alte und das Neue Testament für die Neuzeit ergänzt und präzisiert werden. Dieser Wandel ist ein sehr langwieriger und schwieriger Prozeß, weil einerseits die Kirchen gegenüber der Wissenschaft über sehr viel ältere Traditionen verfügen und andererseits auch die Wissenschaft nicht zur lückenlosen Erklärung aller Zusammenhänge der Welt imstande ist. Somit bleibt für eine Mehrheit der Menschen die Frage nach der Existenz überirdischer Bewußtseinsformen ungelöst. Die verbreitet früherzieherische und die traditionelle Bindung der Menschen an Religionen und die zweifelsfrei auf vielen Gebieten positive und eindrucksvolle Arbeit der Kirchen für das Wohl ihrer Gläubigen üben starke emotionale Einflüsse aus. Selbst bedeutende Wissenschaftler (z. B. Albert Einstein, Stephen Hawking) sind durch Relikte der Glaubensbekennung in ihrem Erkenntnisprozeß begrenzt. Könnten sie diese Grenze überspringen, wären sie möglicherweise noch genialer. Albert Einstein zum Beispiel hat sich durch Abbè Lemaitre auf einer Reise nach Kalifornien von der Richtigkeit der Urknalltheorie überzeugen lassen. Ihm machte wohl der lebendige Vortrag des redegewandten Priesters Lemaitre in Kalifornien und der stürmische Applaus derartigen Eindruck, daß er geäußert haben soll: „Dieses ist die schönste und zufriedenstellendste Erklärung der Schöpfung, die ich je gehört habe.“ Dazu später mehr. Von Stephen Hawking stammt der Ausspruch: „Gott mag einst die Naturgesetze erlassen haben, dann aber hat er sich nicht mehr eingemischt.“ (33)

Aber was ist nun die Neue Bibel? Der Beititel *die Krönung des Alten und Neuen Testaments, der Menschheit Rettungsanker für die neue Zeit auf Erden* ist ganz sicher nicht zufällig entstanden. Deshalb soll auch etwas genauer darauf gesehen werden. Ein Anker ist ja stets eine Vorrichtung, mit der etwas aufgehalten, an der Fortbewegung gehindert wird. Meist ein Schiff. Das Schiff ist hier die neue Zeit auf Erden. Darauf befindet sich, wie ausgesagt, die Menschheit. Der Anker hält dieses Schiff mit der Menschheit an Bord auf. Die Menschheit sähe es aber lieber, wenn das Schiff vorankäme. Aber es soll durch den Anker aufgehalten werden. Warum dann aber „Rettungs“anker? Wer soll denn gerettet werden? Die Menschheit, die Intelligenz, das denkende Wesen? Wohl kaum. Sie will weiter vorankommen mit dem Schiff. Aber die Kirche wird wohl zurückbleiben, wenn das Schiff vorwärts fährt. Und das muß aufgehalten werden. Rettungsanker also für die Kirche – die kirchlichen Dogmen müssen gerettet werden. Die Kirche hat seit dem Alten und dem Neuen Testament ein wenig nachgeben müssen. Zu viel ist unwiderlegbar geworden. Die Bibel spricht von Adam und Eva, und von Noah, und von der Sintflut. Und von der Erde als Mittelpunkt der Welt, was schon seit Kopernikus als falsch erkannt war. Viele Menschen erkennen immer besser, daß es so nicht gewesen sein kann. So hat man im 19. Jahrhundert die „Schreiber Gottes“ bemüht. Jakob Lorber, Leopold Engel und Gottfried Mayerhofer waren in dieser Zeit einerseits moderne Wissenschaftler und Schriftsteller, andererseits aber tief im Glauben verwurzelt. So haben sie ihr Wissen als göttliche Eingebung gesehen oder aber im kirchlichen Auftrag so sehen sollen, das kann man so genau nicht trennen. Und sie haben es aufgeschrieben – als Neue Bibel, als Krönung des Alten und des Neuen Testaments. Das ist aber nun auch schon wieder mehr als 100 Jahre her. Die Wissenschaft ist weitergekommen, und die Neue Bibel verstaubt zusehends. Die Kirche muß nachsetzen. Will sie nun die neue Schiffsposition anerkennen und dann gleich einen neuen Anker setzen? Gibt es bald eine Krönung der Neuen Bibel?

Es wird allgemein akzeptiert, daß ein Mensch einen christlichen, jüdischen, islamischen, buddhistischen, hinduistischen oder einen anderen Glauben hat. Es ist auch zu akzeptieren, daß jeder Mensch bemüht ist, seinen Glauben öffentlich zu vertreten und für richtig zu erklären. Als Mittel, seinen Glauben darzustellen und zu verbreiten, andere von seinem Glauben zu überzeugen, gilt jedoch nur das Argument. Bevormundung, Druckausübung, Diffamierungen, Missionierung oder gar Gewalt sind inakzeptable Mittel und können nicht toleriert werden. Die verschiedenen Religionen erklären die Welt auf unterschiedliche Weise. Die Frage nach der absoluten Wahrheit bleibt unbeantwortbar. Auch die Wissenschaften können sie nicht beantworten. Für jeden einzelnen ist die eigene Auffassung, das eigene Weltbild wahr, denn es fußt auf seiner Entwicklung, seiner Umgebung, seiner erworbenen Überzeugung und seinem Denken. Im gewaltfreien Meinungsaustausch können sich erworbene Überzeugungen ändern, der einzelne kann sein Weltbild vervollständigen, korrigieren oder wandeln.

Der Widerspruch zwischen Wissenschaft und Religionen und seine Bedeutung für das Weltbild des einzelnen ist nicht als Ableitung aus dem Bildungsstand oder aus der Intelligenz zu begreifen. Das heißt, es kann nicht unterstellt werden, der wenig gebildete ist mehr religiös, der höhergebildete weniger. Schließlich gibt es viele sehr intelligente und auch hochausgebildete Menschen zum Beispiel in den Rechtswissenschaften, den Wirtschaftswissenschaften, der Politikwissenschaft oder der Kunst. Darunter sind auch solche, die Dissertationen verfaßt, sie in Promotionsverfahren verteidigt haben und akademische Titel tragen. Solche Mitglieder der Gesellschaft müssen aber nicht notwendigerweise über tiefgreifende naturwissenschaftliche Kenntnisse verfügen. Die Wissenschaft ist vielgestaltig, die Naturwissenschaft ist nur ein Teil davon. Selbst studierte Naturwissenschaftler können in Teilgebieten spezialisiert sein, die nicht zwingend das Hinterfragen religiöser Auffassungen auslösen. Für all diese Menschen kann Religiosität durchaus ein Bestandteil ihres Weltbildes sein.

6. Die Wissenschaft und der Kampf der Ideologien

Auch bei der Anerkennung der allgemeinen Toleranz zu unterschiedlichen Weltanschauungen innerhalb einer Gesellschaft besteht ein Kampf der Religionen untereinander und gegen die voranschreitende Wissenschaft. Dabei zeigt sich aber immer stärker, daß die Kirchen sich zunehmend mit der Wissenschaft arrangieren müssen, um nicht früher oder später ins Abseits zu geraten.

So hat die sich entwickelnde Anthropologie die Kirche sehr früh gezwungen, von den Darstellungen im Alten Testament, Adam und Eva seien die ersten von Gott geschaffenen Menschen gewesen, und Eva sei die Mutter aller heute existierenden Menschen, Abstand zu nehmen. Die Kenntnisse über die Evolution der Menschheit gehören heute zum Allgemeinwissen der durchschnittlich gebildeten Bevölkerung, die Gläubigen aller Religionen eingeschlossen. Unverständlich bleibt nur, warum diese seit Jahrhunderten überholten Auffassungen noch immer durch die Kirchen den Gläubigen propagiert werden und noch immer in der Bibel stehen, die auf diese Weise zu einem rückständigen Märchenbuch deklassiert wird. Der Anhang 3 beinhaltet Auszüge aus dem ersten Buch Mose, Genesis, wie sie noch heute durch die Kirchenführungen verbreitet werden.

Ein langer und opferreicher Weg war es, ehe die katholische Kirche das geozentrische Weltbild unter dem Zwang der realen Grunderkenntnisse aufgeben mußte. Bereits 1514 machte Nikolaus Kopernikus (1473 bis 1543) sein heliozentrisches Weltbild durch eine Denkschrift einem begrenzten Publikum vor allem aus dem kirchlichen Umfeld bekannt. 1533 gelangte sie auch Papst Klemens VII. zur Kenntnis. In außerkirchlichen Kreisen fand das kopernikanische Weltsystem 1540 durch eine Veröffentlichung seines Schülers Georg Joachim Reticus Verbreitung. Dieser sorgte dann auch für die Publikation von Kopernikus' Hauptwerk, das 1543 nach dessen Tod unter dem Titel "De Revolutionibus Orbium Coelestium" (deutsch etwa: „Über die Kreisbewegungen der Weltkörper“) in Nürnberg erschien. Das kopernikanische Weltsystem wurde später vom italienischen Mathematiker und Physiker Galileo Galilei (1564 bis 1642) vertreten und weiterentwickelt. Der bedeutende Gelehrte der Renaissance hatte mit den Ergebnissen seiner astronomischen Beobachtungen das von der Kirche verfochtene geozentrische

Weltbild des antiken Gelehrten Claudius Ptolemäus (etwa 100 bis etwa 175) widerlegt. Andererseits hatte er mit seinen Erkenntnissen das heliozentrische Weltbild des Kopernikus wissenschaftlich untermauert. Das rief die Inquisition auf den Plan, die Galilei der Ketzerei für schuldig befand. Am 22. Juni 1633 wurde Galilei gezwungen, nach über 20jähriger Auseinandersetzung mit der Inquisition der römisch-katholischen Kirche seinen angeblichen Irrlehren abzuschwören. Um sein Leben zu retten, mußte Galilei dieser erzwungenen Abschwörung Folge leisten. Erst 1757 (124 Jahre später) erkannte die katholische Kirche die Gültigkeit des kopernikanischen Weltsystems an. Bis 1835, also noch nach rund 200 Jahren, standen die Bücher Kopernikus' und Galileis auf dem Index. Erst nachdem das heliozentrische Weltbild schon über zwei Jahrhunderte zum allgemein akzeptierten Bestandteil des Wissens der Menschheit geworden war, erfuhr 1992 Galileo Galilei und 1993 Nikolaus Kopernikus eine späte Rehabilitation durch Papst Johannes Paul II., also 360 Jahre nach Galileis Beweisführung! Aber noch heute ist in der Bibel zu lesen, daß Gott zuerst Himmel und Erde erschaffen habe (Anhang 3). Im 21. Jahrhundert erfahren Schüler schon in der Grundschule, wie sich die Erde im Universum bewegt. Auch in wissenschaftlichen Fernsehreihen kann man umfassende Bilder und Auffassungen dazu erwerben. Muß man nun erwarten, daß dies der Klerus noch immer als Ketzerei verdammen will?

Auch gegenwärtig greift die Macht des Klerus in die Wissenschaft ein. Die katholische Kirche kann heute nicht mehr den wissenschaftlichen Erkenntnissen der Kosmologie über Zustände und Bewegungen im Universum völlig ausweichen. Es gibt mehrere Theorien über den Aufbau des Universums und die Bewegungsgesetze der kosmischen Objekte. Die Astrologie als irrealistische Randerscheinung des Glaubens sei hiervon ausgenommen und gelte nicht als solche Theorie. Die katholische Kirche hat sich mit der sogenannten Urknalltheorie der Entstehung des Universums ausgesöhnt, weil mit ihr der völlige Verzicht auf die Schöpfungsidee unterlaufen und damit vermieden werden kann. „Aussöhnen" ist hier ein sehr vorsichtiger Ausdruck, weil die Urknalltheorie, wie später noch gezeigt werden wird, in ihren Wesenszügen von der Kirche hervorgebracht wurde.

Aus dem Nachweis der Ausdehnung (Expansion) des Universums durch Edwin Hubble (1889 bis 1953) im Jahre 1929 geht diese Theorie davon aus, daß die nachgewiesene Bewegung unidirektional ist, eine Umkehr der Bewegungsrichtung wird ausgeschlossen. Diese Auffassung wird als Axiom angesehen und nicht mehr hinterfragt. Daraus wird der abenteuerliche Schluß abgeleitet, das Universum müsse vor rund 13,7 Mrd. Jahren in einem Punkt vereinigt gewesen sein, somit muß es einen Anfang von Zeit und Raum gegeben haben. Der Anhang 4 befaßt sich ausführlich mit diesem Thema. Genau das wird von der Kirche zur Begründung für eine Schöpfung benötigt und verwendet. Zur Stützung dieser Theorie, die mit zunehmender Überzeugung bereits in zahlreichen Wissenschaftsbereichen in Zweifel gekommen ist (Anhang 5), werden erhebliche Forschungsmittel bereitgestellt, an denen auch der katholische Klerus beteiligt ist. Forschungen in andere Richtungen jedoch werden nicht unterstützt oder sogar hintertrieben. Die Zweifel an der Urknalltheorie sind darin begründet, daß es ungelöste Details gibt, die sich mit der Theorie nicht erklären lassen. Unbegreiflicherweise führt dies aber nicht dazu, das aufgestellte Axiom der Unidirektionalität der kosmischen Bewegung zu überprüfen. Vielmehr werden die Begriffe „dunkle Energie“ und daraus, aus dem einsteinschen Masseäquivalent $E = m*c^2$ abgeleitet, „dunkle Materie“ definiert, mit denen man versucht, insbesondere den Widerspruch zwischen der wegen der Gravitation zu erwartenden Verlangsamung der Expansion des Universums und der tatsächlich nachgewiesenen Beschleunigung zu lösen. Die Existenz der dunklen Energie ist jedoch spekulativ, sie ist eine Fiktion, sie ist nicht nachgewiesen (14). Man erkennt hier auf einer höheren Ebene dasselbe Prinzip, das bei der Entstehung des Glaubens galt: Unbekannte Phänomene werden auf erdachte, nicht real existierende Kategorien ausgelagert, um sie zu erklären. Ein wissenschaftliches Herangehen ist dies nicht, es ist eine Frage des Weltbildes.

Schaut man nun noch ein wenig genauer auf die Entwicklungsgeschichte der Urknalltheorie, so stellt man nicht ohne Verwunderung fest, daß sie gar nicht aus den Hirnen der Physiker, Astronomen und Kosmologen stammt, sondern aus den Köpfen klerusgeführter katholischer Geistlichkeitsmitglieder. Dabei ist mit *Verwunderung* das Unverständnis gemeint, wie es möglich sein kann, daß sich ganze Generationen von Forschern über ein halbes Jahrhundert lang von der Glaubensdoktrin vereinnahmen ließen und alles daransetzen, lautstark eine unhaltbare Theorie zu verbreiten und zu stützen und jeden Widerspruch ehrlicher und unabhängig denkender Wissenschaftler klerusdevot abzuwürgen. Mit diesem Teil der Urknall"forschung" setzt sich der Anhang 6 ausführlicher auseinander.

Aus der Stützung der Urknalltheorie durch den Klerus wird deutlich, daß die katholische Kirche gezwungen ist, unter dem Druck der wissenschaftlichen Erkenntnisse ihr doktrinäres Weltbild auch mit Hilfe direkter Einflußnahme auf die Forschung aufrechtzuerhalten. Auch andere Religionsführungen tun dies.

Der Buddhismus (nach dem Religionsstifter Siddhartha Gautama = Buddha, der Erwachte) und auch der Hinduismus stützen die Urknalltheorie nicht. Nach der buddhistischen Lehre ist jedes Lebewesen einem endlosen Kreislauf von Geburt und Wiedergeburt unterworfen. Ziel der Buddhisten ist es, durch ethisches Verhalten, die Kultivierung der Tugenden (Fünf Silas), die Praxis der „Versenkung" und die Entwicklung von Mitgefühl und Weisheit (Prajna) aus diesem Kreislauf herauszutreten. Auf diesem Weg sollen Leid und Unvollkommenheit überwunden und durch Einsicht (Erwachen) der Zustand des Nirwana (23) realisiert werden. Der Hinduismus besteht aus vielen unterschiedlichen Glaubensrichtungen, die aber fast alle von einem Kreislauf sich ewig wiederholender Reinkarnationen (Wiedergeburten) ausgehen.

Der Islam [arab, = Hingabe, Annahme, Übergabe, Unterwerfung] zum Beispiel ist bemüht, wissenschaftliche Begründungen für die absolute Richtigkeit des Korans herbeizureden. Unter dem Titel *Der 19er Code der Chemie*, Untertitel *Die mathematische Koranstruktur* findet man im Internet eine Arbeit ohne genannten Autor unter der Adresse http://nur-koran.de/?p=15, die vollständig im Anhang 7 wiedergegeben ist. Die Arbeit ist hochstilisierte Pseudowissenschaft. Die Gliederung des Korans wird auf spekulative Art und Weise durch konstruierte Zahlenspielereien mit dem Periodensystem der Elemente verknüpft, um damit einen wissenschaftlichen Anspruch zu erheischen, der in der Realität nicht existiert. Diese Konstrukte, die das Periodensystem in großen Bereichen verzerrt darstellen, und die aus wissenschaftlicher Sicht ins Lächerliche abgleiten, werden dann Wunder genannt. Dieser scheinwissenschaftliche Anstrich dient ganz offensichtlich dem Zweck, ein moderneres Image zu erzeugen, das der heutigen Zeit besser gerecht wird und dem Koran Wissenschaftlichkeit anzumessen versucht. Dies läßt allenfalls erkennen, daß auch der Islam sich nicht mehr grundsätzlich der Wissenschaft entgegenstellen kann und sich arrangieren muß.

In den Materialien zur Religionswissenschaft von Alois Payer (24), findet man den folgenden Hinweis auf die Korangliederung: „Der Koran ist in 114 Suren (Kapitel) eingeteilt. Die Anordnung der Suren mit Ausnahme der ersten geschieht einfach nach ihrer Länge: Sure 2 ist die längste, Sure 114 die kürzeste". Diese Behauptung ist falsch. Der Anhang 8 zeigt die reale Anordnung der Suren. Unter der Adresse http://nur-koran.de/ (25) findet man die Behauptung: „Die mathematische Struktur, aufgebaut auf der Primzahl 19, ist das Hauptthema des 74. Kapitel". Auch diese Behauptung ist falsch. Der Anhang 9 zeigt den Inhalt der 74. Sure.

Der immerwährende Kampf der Ideologien hat im Christentum im 16. und 17. Jahrhundert zu einer Zäsur geführt, die in der Reformation ihren Niederschlag fand. Die Mehrheit der Katholiken in Europa und auch auf anderen Kontinenten kamen in Konflikt mit den Handlungen des Klerus, die in der zurückliegenden Geschichte das materielle Sein und den Reichtum des Vatikans vor seine christlichen und religiösen Aufgaben stellte.

7. Reformation und Zölibat

Reformation [v. lat. *reformatio* = Wiederherstellung, Erneuerung] bezeichnet eine kirchliche Erneuerungsbewegung zwischen 1517 und 1648, die zur Spaltung des westlichen Christentums in verschiedene Konfessionen (katholisch, evangelisch-lutherisch, reformiert) führte. Die Reformation wurde in Deutschland überwiegend von Martin Luther, in der Schweiz von Johannes Calvin und Ulrich Zwingli angestoßen. Ihr Beginn wird allgemein auf 1517 datiert, als Martin Luther seine 95 Thesen (Anhang 10) am 31. Oktober 1517 auf die Tür der Schloßkirche zu Wittenberg geschlagen haben soll, aber ihre Ursachen und Vorläufer reichen weiter zurück in die Geschichte. Viele Katholiken in West- und Mitteleuropa waren beunruhigt durch das, was sie als falsche Lehren und Mißbräuche innerhalb der Kirche sahen, besonders in Bezug auf die Lehre über und Verkauf von Ablaßbriefen, mit denen Gläubigen vorgegaukelt wurde, sie könnten durch den Kauf eines Ablaßbriefes die Vergebung ihrer Sünden erlangen. Immer mehr setzte sich die Erkenntnis durch, daß die Kirche damit ganz unverfroren die Gläubigen um ihr Geld bringt. Diese Erkenntnis faßt Luther eindeutig in seine Thesen und bestätigt damit die Ängste der Gläubigen als gerechtfertigt. Außerdem zeigt Luther den Klerus als Kapitalgesellschaft (Thesen 87 ff.) und prangert an, daß er von diesem Geld nichts für die Kirche gibt, dafür lieber das Geld der Gläubigen verwendet. Ein weiterer Kritikpunkt war die Käuflichkeit kirchlicher Ämter (Simonie), die den gesamten Klerus in den Verdacht der Korruption brachte (21). Am Rande dieser Diskussion spielte das insbesondere unter den Geistlichen schon lange kontrovers behandelte Thema des Zölibats eine Rolle, der in den evangelisch-lutherischen und reformierten Kirchen abgeschafft wurde.

Der Zölibat [von lat. *caelebs* = allein, unvermählt lebend] der Kleriker bezeichnet das Versprechen, allzeit die Verpflichtung zur Ehelosigkeit zu übernehmen, um völlige Freiheit des Geistes für den Dienst an Gott zu besitzen. Er wird von den Geistlichen der römisch-katholischen Kirche, der orthodoxen und der anglikanischen gefordert und auch von Eremiten, Ordensfrauen und -männern, geweihten Jungfrauen oder Diakonissen, die in die Hand des Diözesanbischofs öffentlich und für immer ein Leben im Stand der evangelischen Jungfräulichkeit gelobt haben und denen vom Bischof die Jungfrauenweihe gespendet wurde.

Der Zölibat ist wider die Natur. Der Mensch ist aus seiner Natur heraus ein Wesen mit einer natürlichen innewohnenden Sexualität. Hormonell gesteuert baut sich eine Spannung zum anderen Geschlecht auf, die im Streben nach Vereinigung ihre Lösung hat. Diese sexuelle Spannung hat sich im Verlaufe vieler Millionen Jahre für alle Lebewesen entwickelt, die in zwei Geschlechtern (männlich und weiblich) existieren. Sie ist die Grundlage aller Fortpflanzung. Die Zweigeschlechtlichkeit ist eine der Errungenschaften der Natur, die die Entwicklung vom niederen zum höheren ermöglicht, weil sie die Eigenschaft der Vererbung beinhaltet. Deshalb hat sie in der Natur umfassende Verbreitung gefunden. Die Sexualität ist zu einem unüberwindlichen Spannungsfeld der Lebewesen geworden. Für den Menschen ist sie auf Grund seines Denkvermögens auch ein Mittel zur Gestaltung partnerschaftlicher Beziehungen und der sinnlichen Liebe.

Die Sinnwidrigkeit des Zölibats äußert sich im Versuch seiner Ausdehnung auf die gesamte katholische Glaubensgemeinschaft, indem in der katholischen Kirche jegliche sexuellen Beziehungen, die der Lust und der Befriedigung natürlicher Bedürfnisse dienen, Sünden genannt werden. Der Sexualverkehr habe ausschließlich zum Zwecke der Zeugung zu erfolgen und ist nur in der Ehe moralisch vertretbar. Dies solle für alle Gläubigen gelten. In konsequenter Vollendung dieser unsinnigen Ansichten wendet sich der Klerus noch heute gegen die Verwendung jeglicher Schwangerschaftsverhütungsmittel (Kondome, Spiralen, medikamentöse Fruchtbarkeitshemmer), da sie die Lustbarkeit in Sünde freigeben.

Auch in der Sexualität ist wie bei anderen Dingen in der Natur eine breite Streuung der Veranlagungen vorhanden. Starke oder schwache Libido, kraftvollere oder vorsichtigere Koituswünsche, kürzere oder längere Dauer, aber auch Neigungen zur gleichgeschlechtlichen Sexualität sind in aller Regel genetisch bedingt und liegen nicht im beeinflußbaren Bereich des Einzelnen. Deshalb unterliegen diese Neigungen in keiner Weise der Verurteilung, wenn sie unter den Partnern einvernehmlich praktiziert werden. Es ist deshalb eine Irrlehre der katholischen Kirche, die Homosexualität als ein strafbares Vergehen zu verteufeln. Ausgenommen hiervon sind pädophile Neigungen. Hier muß für den Schutz der Kinder durch die Gesellschaft die nachhaltige Unterbindung der Ausübung durchgesetzt werden, obwohl auch hierbei der Betroffene nicht für seine Neigung verantwortlich ist. Pädophilie ist aber eine gesellschaftliche Gefahr, der konsequent entgegengewirkt werden muß. Sie ist als Straftat zu behandeln und zu verfolgen. Dabei ist die Erkenntnis wichtig, daß Pädophilie ebenso wie Homosexualität nicht wie eine Krankheit therapierbar ist. Die in den Jahren 2009 und 2010 verstärkt bekannt gewordenen Vorfälle pädophiler Straftaten durch Geistliche in katholischen Kindereinrichtungen lassen sich deshalb auch nur durch endgültiges und unwiderrufliches Entfernen der Straftäter aus ihren Ämtern nachhaltig unterbinden. Ein direkter Zusammenhang von Pädophilie und Zölibat ist strittig, es fehlen dazu statistische Erhebungen. Es liegt aber im Bereich vernünftiger Vermutungen, daß die Abschaffung des Zölibats einen Beitrag zur Vorbeugung gegen diese Straftatbestände leisten würde.

Der Zölibat ist wider die Logik. Kinder wüchsen in der Familie eines katholischen Geistlichen, so er denn eine haben dürfte, unter Bedingungen auf, unter denen die Voraussetzungen für die geistliche Erziehung besser sind als anderswo. Schon im frühen Kindesalter könnten die Grundelemente zur Eignung für ein geistliches Amt erworben werden. Die Kinder wüchsen von klein an in die berufliche Umgebung ihrer Väter hinein. Es wäre wie in anderen Gesellschaftsbereichen auch, in denen Kinder in die Fußtapfen ihrer Väter treten und auch deren Berufe und Geschäfte fortführen. Wie ist logisch erklärbar, das man solches verbieten muß? Ein solches Verbot richtet sich letztendlich gegen den Nachwuchs der katholischen Geistlichkeit selbst. Schließlich und endlich ist ein katholischer Geistlicher auch dafür zuständig, Hilfe und Trost für die gläubigen Familien zu stiften. Wie kann er das mit genügender Qualität, wenn er zum Familienleben keine Erfahrung hat, weil er keines haben darf? Unter dem Scheinargument der Freiheit des Geistes für den Dienst an Gott wird also die Arbeit für den Menschen in die zweite Reihe gesetzt, in ihrer Bedeutung untergraben.

Zudem ist auch in der katholischen Kirche selbst der Zölibat nicht eindeutig. In der Bibel findet man Zitate sowohl für als auch gegen den Zölibat. (Anhang 14)

Ganz am Rande bemerkt: Die katholische Kirche muß sich noch heute fragen lassen, wie sie denn zur Gleichberechtigung der Frau steht. Dies ist eine Errungenschaft der modernen Gesellschaft, die in der katholischen Kirche noch immer keinen Niederschlag gefunden hat. Noch immer können Frauen kein Priesteramt ausüben, obwohl es in der Bibel dazu keine einschränkenden Hinweise gibt. Das ist eine offene Diskriminierung der Frau, die nicht vom Glauben, sondern vom Vatikan ausgeht, es ist eine politische Fehlhaltung des Klerus.

8. Der Islam, der Fundamentalismus und die Politik

Der Islam stellt sich selbst begründungslos als die absolute Wahrheit dar. Dies ist sehr deutlich an vielen Stellen im Koran erklärt, zum Beispiel in der Sure 3, Verse 2 bis 4 (Anhang 13). Im Vers 4 wird strenge Strafe dem verkündet, der sich nicht dem Glauben an Allah verschreibt. Vers 10 der Sure 3 beschreibt sogar die Sippenhaftung: „Die ungläubig sind, ihr Besitz und ihre Kinder werden ihnen nicht im geringsten nützen gegen Allah". Alle Nichtmuslime werden „Ungläubige", auch „Unwissende" genannt.

Solche und andere Korantexte werden von stärker werdenden fundamentalistischen Strömungen im Islam dazu verwendet, zum aggressiven Kampf gegen alle anderen Denkrichtungen aufzurufen. Dabei gehen sie bis zu Bestrebungen zur physischen Vernichtung Andersdenkender und praktizieren dies auch. Islamische Fundamentalisten erklären in völliger Offenheit, daß alle, die nicht an Allah als den einzigen Gott glauben, als Ungläubige vernichtet werden müssen. Diese Haltung mündet im „heiligen" Krieg [Dschihad, arab = eigentlich Anstrengung, sich auf dem Weg Gottes anstrengen oder auch sich abmühen für die Sache Gottes] oder ruft dazu auf. Dafür berufen sie sich auf den Koran, der in vielen Suren direkte Aufforderungen zu einem Glaubenskrieg enthält. Jedoch ist ihre Auslegung nicht immer eindeutig (Anhang 11). Der Begriff des „heiligen" Krieges (Dschihad) ist im Koran nicht definiert. Der Dschihad kann eine militärische Pflicht zur Verteidigung des Glaubens sein, das Bemühen zur Ausbreitung des islamischen Herrschaftsgebietes, aber auch ein wohltätiger Dienst oder das Streben nach einem aufrichtigeren Glauben. Erst im Verlauf der islamischen Religionsgeschichte wurden Kämpfe und Kriege um wirtschaftliche oder politische Macht, vergleichbar mit den christlichen Kreuzzügen, zum Dschihad hochstilisiert. Der Selbstmord und damit auch Selbstmordattentate sind im Koran ausdrücklich verboten (Anhang 15). Daraus ist der Schluß abzuleiten, daß der islamische Fundamentalismus kein Bestandteil des Islam ist und nicht zu ihm gehört. Nach islamischem Verständnis sind ihre Vertreter Ungläubige oder Unwissende, da sie den Weg Allahs, der im Koran offenbart ist, verlassen haben.

Aus der Fülle von Beispielen, die das aggressive Potential des islamischen Fundamentalismus in seinem praktischen Handeln belegen, sollen drei genannt werden:

- Der dänische Karikaturist Kurt Westergaard, der im September 2005 Karikaturen unter dem Titel „Das Gesicht Mohammeds" in der dänischen Tageszeitung Jyllands-Posten veröffentlichte, erntete dafür lebensbedrohende Kritiken aus der islamischen Welt. Man kann zur Notwendigkeit der Mohammed-Darstellung mit einer Granate auf dem Kopf geteilter Meinung sein, aber die islamische Reaktion, bei der es gewalttätige Demonstrationen von Muslimen in der ganzen Welt kam, ist in höchstem Maße überzogen.

- Ein maßgeblicher muslimischer Geistlicher, der in Deutschland lebt, führte an die Bevölkerung gerichtet aus: „Allah ist groß, Allah ist mächtig, und Allah ist der einzige Gott – und wir kriegen euch alle". Hier offenbart sich das hohe Aggressivitätspotential fundamental-islamischer Ideologie.

- Eine mir bekannte junge Frau, die zur See fährt, wurde in einem islamischen Land aufgefordert, gemäß den islamischen Forderungen eine Burka anzulegen. Als sie dagegen aufzutreten versuchte, wurde sie unter vorgehaltener Maschinenpistole dazu gezwungen, so daß sie die Burka anlegte, um zu überleben. Das zeigt die tatsächliche Form fundamental-islamischer Machtausübung in einigen Ländern.

Die staatliche Ordnung in Deutschland ermöglicht Muslimen den Bau und das Betreiben von Moscheen in Deutschland. Das entspricht jedoch seit längerem nicht mehr der Meinung der Mehrheit des Volkes, weil dieses Recht verstärkt durch fundamentalistische Strukturen zu gesellschafts- und staatsfeindlichen Aktionen und unter offener Ablehnung der Integration in die Gesellschaft zur Schaffung einer Art Staat im Staate mißbraucht wird. Eine nicht unerhebliche Zahl deutscher Politiker verschließt die Augen vor diesen Vorgängen und erkennt nicht, daß die bisherige Integrationspolitik eine offenkundige Fehlleistung ist. Die Ideologie des „Multikulti" ist gescheitert. Nachdem in der Schweiz im Jahre 2010 per Volksentscheid das Recht moslemischer Einwanderer zum weiteren Bau von Moscheen unterbunden wurde, wird das Volk der Schweiz sogar mit der Kritik einer deutschen Minderheit bedacht. Das ist nicht zu dulden und in aller Form prinzipiell zu verwerfen. Besonders bedenklich ist dabei die Tatsache, daß in dieser Minderheit auch viele deutsche Politiker vertreten sind. Solch überhebliches und arrogantes Auftreten beschädigt das Ansehen Deutschlands in der Welt. Niemand ist befugt, die Entscheidung eines souveränen Volkes anzuprangern.

Aus demselben Grund ist auch die Aussage Bundespräsident Wulffs in seiner Rede zum 20. Jahrestag der Wiedervereinigung Deutschlands falsch, der Islam gehöre heute zu Deutschland. Warum dies falsch ist, wird im nächsten Abschnitt beleuchtet. Aus rein sozialer Betrachtungsweise kann aber festgestellt werden, daß die große Zahl von rund 4 Millionen Moslems in Deutschland kein natürlicher oder gesellschaftlich erstrebter Einwanderungsprozeß ist, sie ist ermöglicht worden durch die grundsätzlich falsche Einwanderungspolitik deutscher Regierungen. Die Mehrheit dieser Zuwanderer ist wenig oder nicht qualifiziert, spricht auch nach längerem Aufenthalt in Deutschland kein Deutsch, hat deshalb auf dem Arbeitsmarkt keine Chance. Diese Mehrheit kann also für ihre Existenz nicht selbst aufkommen. Aber sie bezieht erhebliche Leistungen aus dem sozialen Gefüge Deutschlands, ohne dafür je einen Beitrag geleistet zu haben oder leisten zu können (17), zum Teil auch ohne einen Beitrag leisten zu wollen. Das ist sozial nicht vertretbar und wird in den meisten europäischen Ländern nicht gewährt. Deutschland kann sich nicht zur Aufgabe machen, für die Existenz größerer Bevölkerungsteile aus anderen Kulturkreisen ohne Gegenleistung aufzukommen. Horst Seehofer formulierte es so: Deutschland kann nicht die Rolle eines „Sozialamtes der Welt“ übernehmen.

Man möge in diesem Zusammenhang auch das Gedankenexperiment erlauben, den Anspruch zu erheben, in einem islamischen Gottesstaat eine christliche Kirche zu errichten. Im günstigen Falle würde ein solcher Versuch ohne weitergehende Erörterungen zum Landesverweis der ansprucherhebenden Personen oder Gruppen führen. Die in Deutschland bestehende Toleranz überschreitet aber bereits die dem Volke zumutbaren Grenzen. So gibt es zum Beispiel in Berlin 55 Moscheen, die regelmäßig von 9880 Muslimen zu den Freitagsgebeten besucht werden. Dem stehen 380 christliche Kirchen für 3,34 Mio. Berliner gegenüber (210 evangelische, 131 katholische und 39 andere). Damit steht rein rechnerisch eine Dichte von 8789 Berlinern pro christliche Kirche der Dichte von 180 Muslimen pro Moschee gegenüber, ein Verhältnis 1:49. Selbst unter der spekulativen Annahme, daß nur die Hälfte der Berliner aktiv den christlichen Glauben ausübe, ist diese Dichte immer noch 25fach. Am Rande bemerkt: Der Bau der Moscheen wird wesentlich mit deutschen Steuergeldern finanziert. Dadurch erübrigen sich alle Fragen über die Zustimmung der Mehrheit der Deutschen zur Schweizerischen Volksentscheidung gegen den Bau weiterer Moscheen.

Grundsätzlich erhebt sich die bisher ungeklärte Frage, warum die deutsche Politik ständig in weiten Teilen die Welt mit allerlei finanziellen Liebenswürdigkeiten übergießen muß, so als müßte das deutsche Volk der ewige Büßer für die Verbrechen des Nationalsozialismus unter Hitler sein. Beispiele hierzu finden sich im Anhang 18. Die Menschen, die heute in Deutschland leben, waren zur Zeit der NS-Diktatur noch nicht geboren. Sie leben lediglich auf dem gleichen Boden. Sie können für das vor über 65 Jahren untergegangene „1000jährige Reich" nicht verantwortlich gemacht werden. Wie vielen Generationen soll das noch angehängt werden? Es macht ja schließlich auch niemand die Italiener für die Grausamkeiten Caesars verantwortlich, nur weil sie das gleiche Land bewohnen.

9. Die Grenzen der Religionsausübung

Bei der Religionsausübung der verschiedenen Religionen in Deutschland gibt es objektive Grenzen, wenn zum Beispiel die religiösen Rituale mit dem allgemein anerkannten Modus der Arbeit in Konflikt geraten.

Insbesondere für den Islam entstehen dabei Konfliktpotentiale durch die, verglichen mit anderen Religionen, verhältnismäßig strengen Vorschriften für das Gebet. Ein gläubiger Moslem ist bei strenger Einhaltung der Gebetsvorschriften angehalten, 5mal täglich das Gebet zu verrichten, und zwar bei Sonnenaufgang, zur Mittagszeit, am späten Nachmittag, bei Sonnenuntergang und nach Sonnenuntergang. Die Rituale der Ausführung sind mit großer Detailgenauigkeit vorgeschrieben, so daß der Zeitrahmen mit hoher Präzision festgesetzt ist (Anhang 16). Davon fallen 2 bis 3 Gebete in den Bereich regulärer Arbeitszeit. Es wird sich kaum in Deutschland ein Arbeitgeber finden lassen, der diese strenge Einhaltung der rituellen Gebräuche, die zur Reduzierung der Arbeitsleistungen führen, tolerieren kann und will. Somit entstehen für solche Gläubige zusätzliche Hürden bei der Eingliederung in den Arbeitsprozeß. Es ist hier nicht Gegenstand der Erörterung, jedoch kann man erahnen, daß in anderen europäischen Ländern vergleichbares zu erwarten ist.

Deshalb ist es auch eine Frage der Integrationspolitik, einen allgemeinverträglichen Konsens mit den Gläubigen zu finden. Die widerspruchslose Duldung der religiösen Gebräuche wird mit Sicherheit auf den Weg der Ausgrenzung der betroffenen Immigranten führen, weil sie mit den landestypischen Verhaltensstrukturen nicht in Übereinstimmung gebracht werden können. Keinesfalls ist zu erwarten – und dies wäre auch nicht zu wünschen – daß die hier landestypischen Gebräuche an die islamischen angepaßt werden. Dies gestaltete sich ähnlich einer Unterordnung staatlicher Belange unter kirchliche, eine Unterordnung, die in den europäischen Ländern nicht geduldet und auch nicht praktiziert wird. Eine besondere Rolle spielt dabei das moslemische Freitagsgebet, zu dem die Gläubigen durch den Muezzin aus dem Minarett in die Moschee gerufen werden, wenn der Imam den Gebetsplatz eingenommen hat, und gläubige Muslime in diesem Falle für längere Zeit vom Arbeitsprozeß abberufen würden.

So betrachtet gehört eben der Islam trotz verschiedentlich anderer Darstellungen nicht zu Deutschland. Deutschland hat historisch betrachtet christliche und jüdische Wurzeln. Diese Ansicht ist nach wie vor gültig und bedarf keiner Veränderung, auch nicht durch den Bundespräsidenten. In anderen Religionen gestalten sich die Rituale deutlich praktikabler. Dem Christen zum Beispiel wird das Gebet nicht in dieser großen Anzahl und auch nicht zu einer festgelegten Tageszeit vorgeschrieben. Der Gang zur Kirche ist in der Regel auf den Sonntag festgesetzt. So sind Kollisionen mit den gesetzlichen Festlegungen und deren Durchführung durch staatliche Stellen auf ein Minimum reduziert.

10. Ein Resümee

Die in allen christlichen Ländern im Verlaufe des letzten Jahrhunderts erreichte Trennung von Kirche und Staatsmacht ist letztendlich eine Errungenschaft des gesellschaftlichen und des wissenschaftlichen Fortschritts. Dies ist auch insofern logisch und politisch richtig, als eine Glaubensorganisation (die Kirche) nicht für ein ganzes Volk regierende Gewalt haben kann. Der Bürger eines freiheitlichen Landes muß in jedem Falle das Recht für sich in Anspruch nehmen können, sich der einen oder anderen oder auch keiner Religion anzuschließen. Die Strukturen menschlichen Glaubens und Denkens sind nicht administrierbar, sie können nicht vorgeschrieben werden. Der Staat kann eine Kirche tolerieren und sogar stützen, aber er darf sich ihr nicht unterordnen. Der Staat hat die Aufgabe, die kulturellen Werte seiner Nation zu schützen, auch die zum Lande gehörenden Religionen. Ausgehend von dieser politischen Grundposition ist der Islam im Grundsatz mit den christlichen Ländern unvereinbar. In 20 Ländern der Erde mit insgesamt 754,5 Millionen Muslimen, das sind 58 % aller Anhänger des Islam, ist die islamische Religion gleichzeitig Staatsmacht (Anhang 2). Das prägt die Verhaltensnormen der Religion und erklärt ihr verstärktes Streben nach Macht, die in den europäischen Ländern nicht gewährt werden kann und auch nicht wird.

Gegenüber anderen, im Lande nicht traditionell angesiedelten Kulturen muß eine sehr viel deutlichere Unterscheidung zwischen Toleranz und blinder Ergebenheit vorgenommen werden. Dabei ist die Integration anderer Kulturen in die Gesellschaft eine Grundvoraussetzung für das Zusammenleben. Ablehnung der staatlichen Strukturen und des Erlernens der Sprache einerseits, andererseits aber Inanspruchnahme der staatlichen Leistungen und Vorzüge, ist keine anzuerkennende Integrationsbasis. Die Schaffung eigener, sich verselbständigender kultureller Inseln im Lande kann nicht akzeptiert werden. Zu diesen sich zunehmend etablierenden Bevölkerungsschichten sind klare Abgrenzungen und eindeutige, wenn notwendig ultimative Forderungen unumgänglich, um den Fehlentwicklungen, die gegenwärtig zu beobachten sind, die Basis zu entziehen. Dazu ist eine grundsätzliche Wende in der deuten Integrationspolitik dringend geboten. Unter Integration muß verstanden werden:

- die Akzeptanz der Leitkultur des Landes,
- das Erlernen der Sprache in Wort und Schrift,
- die Wahrnehmung der Bildungsmöglichkeiten des Landes zur Sicherung der eigenen Existenz,
- die Eingliederung in den Arbeitsprozeß und in die gesellschaftlichen Strukturen,
- die Unterordnung unter alle Gesetze des Landes.

In diesem Zusammenhang sind einige grundsätzliche Feststellungen zur politischen Landschaft in Deutschland zu treffen.

Es ist zwingend erforderlich, die in weiten Bereichen verlorengegangene Demokratie zu verwirklichen und der Meinung der Volksmehrheit das ihr zukommende Gewicht zu geben. Die derzeit in Deutschland etablierte Politik steht in den meisten Bereichen nicht mehr im Einklang mit der Meinung der breiten Volksschichten. Die Durchführung von Wahlen auf demokratischer Grundlage kann nicht das einzige Kennzeichen der Demokratie sein. Die Demokratie ist beschädigt, wenn die Volksvertreter nach der Wahl auf eigenen Entschluß ohne Berücksichtigung der Wählermeinung und zum Teil gegen sie handeln. Es ist nicht hinnehmbar, wenn unmittelbar nach Bekanntwerden der Ablehnung der Pläne zur Berliner Spreeuferbebauung in einer Volksbefragung durch Politiker verkündet wird, die Volksbefragung sei aber nicht bindend. Wozu ist das Volk dann gefragt worden? Sie ist beschädigt, wenn durch die Politik Milliardenprojekte beschlossen werden, ohne rechtzeitig vorher die Auffassungen der betroffenen Bevölkerungskreise zu hören und zu berücksichtigen, wie im Projekt Stuttgart 21 geschehen. Die durch diese Versäumnisse entstandenen Massenproteste wären bei demokratischer Herangehensweise vermeidbar gewesen. Die Demokratie ist auch beschädigt, wenn die Polizeigewalt dazu verwendet wird, diese Proteste niederzuknüppeln. Alle Scheinargumente über eine vermeintliche Rechtsstaatlichkeit sind in diesem Zusammenhang gegenstandslos. Die Demokratie ist zerstört, wenn ein Volksentscheid durch Parlamentsbeschluß aufgehoben werden kann, wie 1999 in Schleswig-Holstein in der Frage der Einführung der sogenannten Rechtschreibreform geschehen. Der Anhang 12 enthält das Protokoll der Landtagsdebatte dazu, die offenkundig gemacht hat, daß ein klarer Verstoß gegen das Grundgesetz, Artikel 20 vorliegt (Anhang 17).

Zu all diesen Fehlentwicklungen äußern zunehmend mehr Menschen in Deutschland Kritiken und ihren Unwillen. Jedoch werden diese Kritiken von der Politik nicht zur Kenntnis genommen und vorsätzlich ignoriert. Die Kritiker werden teils unsachlich zurechtgewiesen und diffamiert. Petitionen an regierende Stellen werden unbeantwortet gelassen. Ganz deutlich wurde dies in jüngerer Zeit durch die Art des Umgangs mit unbequemen Kritikern. Das Buch *Deutschland schafft sich ab*, Thilo Sarrazin, 2010, zum Beispiel nennt viele dieser Vorgänge beim Namen, mehr noch, sie werden mit Tatsachen und Zahlen kaum widerlegbar offen gezeigt. Dafür wird er von den führenden Parteien in einer völlig überzogenen Kampagne verdammt, ohne auf die Sachinhalte einzugehen, ohne die Mitglieder an der Basis der Parteien und die breite Bevölkerungsmehrheit zu hören und ohne den Versuch einer Begründung. Dem Volk sollen haltlose Auffassungen, die es mehrheitlich nicht teilt, übergestülpt werden. Diskussionen zur Sache sind unerwünscht und sollen nach Möglichkeit unterdrückt werden. Viele Kritiker Sarrazins äußern sich marktschreierisch, ohne das Buch gelesen zu haben, ohne Sachkenntnis, teilweise ohne Verstand. Sie zitieren einzelne Passagen, von denen sie gehört haben, ohne ihren Zusammenhang und ergehen sich damit bewußt oder unbewußt in verzerrte Darstellungen. Sarrazin hat in der deutschen Politik keine Lobby. Er muß also, wie er auch selbst einräumt, sich durch bestimmte Übertreibungen Gehöhr verschaffen. Das gesamte politische System in Deutschland erweist sich in der Sache unfähig, einen Konsens herzustellen, der auf demokratischen Grundregeln fußt und die Haltung des Volkes gebührend berücksichtigt. Die deutsche Politik aller Parteien befindet sich in einer abgehobenen Position, in der sie in überheblicher Art Entscheidungen von eigenen Gnaden herbeiführt, die getragen sind von der Unkenntnis der Volksmeinung, die sie nach demokratischem Verständnis durchzusetzen beauftragt wäre. Deutsche Politiker handeln selbstherrlich und mit völlig arroganter Besserwisserei.

Das politische System in Deutschland kann auf dieser Wirkungsgrundlage nicht mehr länger überleben. Es kann auch nicht mehr durch einzelne kosmetische Korrekturen seine Funktionsfähigkeit zurückerlangen. Es bedarf einer grundsätzlichen Neugestaltung. Es gibt eine Unzahl grundsätzlicher Fehlhaltungen deutscher Politiker, die restriktiv in Entwicklungen eingreifen und Deutschland in der wissenschaftlichen und gesellschaftlichen Entwicklung bremsen und zurückwerfen. Nur drei davon sollen genannt werden.

- Es ist an der Zeit, damit aufzuräumen, daß zum Beispiel die Gentechnologie von Leuten verdammt wird, die davon keine brauchbare Vorstellung haben, und die mit ihrer Unkenntnis eine manipulierte Masse mitreißen, welche darüber auch nichts weiß. Die Wissenschaftler, die sich tagtäglich damit auseinandersetzen und beeindruckende Leistungen vollbringen, werden nicht gehört oder verunglimpft. Die Technologie wird als schädlich angesehen, in Beschreibungen wird sie wie ein Gift behandelt, es wird von „Verseuchungen“ und von Umwelt“zerstörungen“ gesprochen, das Erkennen eines Nutzens wird gar nicht in Erwägung gezogen.

- Es ist an der Zeit, damit aufzuräumen, daß zum Beispiel die Stammzellenforschung von Leuten blockiert wird, die gar nicht recht wissen, was das eigentlich ist. Die Perspektiven, die sich aus dieser Forschung für die Medizin ergeben könnten, zählen nichts, einige halbdurchdachte Scheinargumente über Ethik und Moral hingegen alles. Die Wissenschaftler, die in voller moralischer Verantwortung eine zukunftsweisende Arbeit ausführen, werden zurückgedrängt. Es ist nicht vertretbar, daß sich die deutsche Politik nach den Ansichten des Klerus zu richten hat. Die Verschiebung des Stichtages der Erzeugung der zur Forschung erlaubten Stammzellen vom 01.01.2002 auf den 01.05.2007 ist eine Halbheit. Und daß die für die Forschung freigegebenen Stammzellen im Ausland erzeugt sein müssen, das heißt, nicht deutsch sein dürfen, ist ein äußerst peinlicher Ausrutscher in faschistisches Gedankengut.

- Es ist an der Zeit, damit aufzuräumen, daß zum Beispiel die Kernenergie von Leuten gesteuert wird, die sich in ihrer bodenlosen Unkenntnis vor lauter panischer Angst die Hosen beschmutzen aber nichts brauchbares zur Energiepolitik beitragen können. Sie erkennen auch nicht oder wollen es nicht erkennen, daß Deutschland in der Welt wie ein Geisterfahrer auftritt, indem es als einziges Land der Welt aus der Kernenergie aussteigen will (22), und nun behauptet, die ganze Welt mache alles falsch. Und mit der Masse an Protestlern, die mit dieser Fehlhaltung installiert wurde, kann man vieles erreichen, denn sie weiß auch nicht, daß sich die Sicherheit moderner Anlagen längst nicht mehr auf dem Niveau von Tschernobyl befindet. Und die Probleme mit der Endlagerung des Kernabfalls sind von den Protestlern selbst erzeugt. Aber wie mit Windkraft und Photovoltaik der Energiebedarf gedeckt werden soll, wenn dereinst die fossilen Träger zu Ende gegangen sind, wissen sie alle zusammen nicht. Die Wissenschaftler, die in Deutschland einst in der Kernkraftentwicklung weltführend waren, werden ausgebootet.

Die Liste der Probleme, bei denen es an der Zeit ist aufzuräumen, ließe sich noch respektabel erweitern. Die Widersprüche zwischen Wissenschaft und Religion sind weiter oben ausführlicher behandelt worden. Die Widersprüche zwischen Wissenschaft und Politik bewegen sich auf einer analogen Ebene: Die deutsche Politik wirkt fortschrittshemmend und entwicklungsbehindernd. Mit solcher Politik wird unseren Nachfolgegenerationen eine traurige Hinterlassenschaft beschert.

Die demokratischen Grundsätze, die im Grundgesetz für die Bundesrepublik Deutschland verankert sind, haben sich zweifelsfrei bewährt. Aber sie werden zunehmend ausgehöhlt und mißachtet.

Es ist Zeit zu handeln!

Literatur und Internetquellen

(1) http://de.wikipedia.org/wiki/Geologische_Zeitskala
(2) http://de.wikipedia.org/wiki/Polymer
(3) http://www.welt.de/print-welt/article623082/Schaedelfund_korrigiert_Alter_der_Menschheit.html
(4) http://de.wikipedia.org/wiki/Seele
(5) http://www.neue-bibel.net/static/bible__book_MAT-THAEUS__show_toc__lang_de.html#chap_no1
(6) http://www.neue-bibel.net/static/servant__lang_de.html
(7) http://www.whoswho.de/templ/te_bio.php?PID=1316&RID=1
(8) http://de.wikipedia.org/wiki/Jesus_von_Nazaret
(9) http://www.islamisches-zentrum-muenchen.de/html/islam__-_der_prophet_mohamed.html
(10) Islaminfo und Karan.doc
(11) http://de.wikipedia.org/wiki/Buddha
(12) http://de.wikipedia.org/wiki/Judentum
(13) http://www.geo.de/GEO/kultur/geschichte/651.html
(14) http://de.wikipedia.org/wiki/Dunkle_Energie
(15) http://www.neue-bibel.net/static/bible__book_EXODUS__show_chapter__lang_de.html
(16) Maurer, Harald, Das Prinzip des Seins, 1987, ISBN 3-900800-01-4
(17) Sarrazin, Thilo, Deutschland schafft sich ab, 2010, ISBN 978-3-421-04430-3
(18) Brockhaus, Lexikon in 26 Bd., Band 10, F.A. Brockhaus-Verlag Mannheim, 1989, ISBN 3-7653-1110-3
(19) http://de.wikipedia.org/wiki/Anpassung
(20) http://de.wikipedia.org/wiki/Selektion_(Evolution)#Selektion
(21) http://de.wikipedia.org/wiki/Reformation
(22) Sinn, Hans-Werner, Das grüne Paradoxon, 2009, ISBN 978-3-430-20062-2
(23) http://de.wikipedia.org/wiki/Nirwana
(24) http://www.payer.de/islam/islam.htm #Begriff
(25) http://nur-koran.de/
(26) http://de.wikipedia.org/wiki/Hinduismus
(27) http://de.wikipedia.org/wiki/Liste_der_Staaten_der_Erde#Liste

(28) http://www.mehr-demokratie.de/sh/daten/aufhebng.htm
(29) Wieczorek, Thomas, Die geplünderte Republik, 2010, ISBN 978-3-426-783733
(30) http://de.wikipedia.org/wiki/Glaube
(31) Gebler, Klaus, Als der Urknall Mode war, 2005, ISBN 3-8334-3983-1
(32) http://de.wikipedia.org/wiki/Weltreligionen#Weltreligionen
(33) Hawking, Stephen, Kurze Geschichte der Zeit, 2001, ISBN 3-499-61340-9
(34) http://de.wikipedia.org/wiki/Phanerozoikum

Anhänge

Anhang 1

Erdzeitalter

Äonothem	Ärathem	System	Beginn vor ca. mya
Phanerozoikum Dauer: 542 Ma	**Känozoikum** Erdneuzeit Dauer: 65,5 Ma	**Quartär**	**2,588**
		Neogen	**23,03**
		Paläogen	**65,5**
	Mesozoikum Erdmittelalter Dauer: 185,5 Ma	**Kreide**	**145,5**
		Jura	**199,6**
		Trias	**251**
	Paläozoikum Erdaltertum Dauer: 291 Ma	**Perm**	**299**
		Karbon	**359,2**
		Devon	**416**
		Silur	**443,7**
		Ordovizium	**488,3**
		Kambrium	**542**
Proterozoikum Dauer: 1.958 Ma	**Neoproterozoikum** Neues Proterozoikum Dauer: 458 Ma	**Ediacarium**	**635**
		Cryogenium	**850**
		Tonium	**1.000**
	Mesoproterozoikum Mittleres Proterozoikum Dauer: 600 Ma	**Stenium**	**1.200**
		Ectasium	**1.400**
		Calymmium	**1.600**
	Paläoproterozoikum Frühes Proterozoikum Dauer: 900 Ma	**Statherium**	**1.800**
		Orosirium	**2.050**
		Rhyacium	**2.300**
		Siderium	**2.500**

Archaikum Dauer: 1.500 Ma	**Neoarchaikum** Dauer: 300 Ma		**2.800**
	Mesoarchaikum Dauer: 400 Ma		**3.200**
	Paläoarchaikum Dauer: 400 Ma		**3.600**
	Eoarchaikum Dauer: 400 Ma		**4.000**
Hadaikum Dauer: 600 Ma			**4.600**

Abkürzungen: **mya = Millionen Jahre vor heute (engl.: Million years ago)**

Ma = Millionen Jahre (engl./lat.: Million ans)

Quelle: (34)

Anhang 2

Länder, in denen der Islam Staatsreligion ist
(Länder mit Einwohnerzahl)

Land	Einwohner	Land	Einwohner
Ägypten	83 Mio	Malaysia	27,5 Mio
Algerien	35 Mio	Malediven	0,3 Mio
Bangladesch	162 Mio	Marokko	32 Mio
Brunei	0,4 Mio	Mauretanien	3,3 Mio
Irak	31 Mio	Oman	2,8 Mio
Iran	74 Mio	Pakistan	181 Mio
Jemen	24 Mio	Saudi-Arabien	25,7 Mio
Katar	1,4 Mio	Somalia	9,1 Mio
Kuwait	3 Mio	Sudan	42,3 Mio
Libyen	6,4 Mio	Tunesien	10,3 Mio

Gesamtzahl der Muslime unter islamischer
Staatsmacht: ca. 754,5 Mio. Einwohner
Gesamtzahl der Anhänger des Islam: ca. 1.300 Mio. Einwohner
Anteil der Muslime unter islamischer Staatsmacht: **58 %**

Quelle für die Einwohnerzahlen: (27)

Anhang 3

Die Schöpfung in der Bibel

Bibel, erstes Buch Mose – Genesis – Kapitel 1

1 Am Anfang schuf Gott Himmel und Erde.

2 Und die Erde war wüst und leer, und es war finster auf der Tiefe; und der Geist Gottes schwebte auf dem Wasser.

3 Und Gott sprach: Es werde Licht! Und es ward Licht.

4 Und Gott sah, daß das Licht gut war. Da schied Gott das Licht von der Finsternis

5 und nannte das Licht Tag und die Finsternis Nacht. Da ward aus Abend und Morgen der erste Tag.

6 Und Gott sprach: Es werde eine Feste zwischen den Wassern, die da scheide zwischen den Wassern.

7 Da machte Gott die Feste und schied das Wasser unter der Feste von dem Wasser über der Feste. Und es geschah also.

8 Und Gott nannte die Feste Himmel. Da ward aus Abend und Morgen der zweite Tag.

9 Und Gott sprach: Es sammle sich das Wasser unter dem Himmel an besondere Orte, daß man das Trockene sehe. Und es geschah also.

10 Und Gott nannte das Trockene Erde, und die Sammlung der Wasser nannte er Meer. Und Gott sah, daß es gut war.

...

26 Und Gott sprach: Lasset uns Menschen machen, ein Bild, das uns gleich sei, die da herrschen über die Fische im Meer und über die Vögel unter dem Himmel und über das Vieh und über alle Tiere des Feldes und über alles Gewürm, das auf Erden kriecht.

27 Und Gott schuf den Menschen zu seinem Bilde, zum Bilde Gottes schuf er ihn; und schuf sie als Mann und Weib.

28 Und Gott segnete sie und sprach zu ihnen: Seid fruchtbar und mehret euch und füllet die Erde und machet sie euch untertan und herrschet über die Fische im Meer und über die Vögel unter dem Himmel und über das Vieh und über alles Getier, das auf Erden kriecht.

...

Bibel, erstes Buch Mose – Genesis – Kapitel 3

...

20 Und Adam nannte sein Weib Eva; denn sie wurde die Mutter
aller, die da leben.
21 Und Gott der HERR machte Adam und seinem Weibe Röcke
von Fellen und zog sie ihnen an.
22 Und Gott der HERR sprach: Siehe, der Mensch ist geworden
wie unsereiner und weiß, was gut und böse ist. Nun aber, daß
er nur nicht ausstrecke seine Hand und breche auch von dem
Baum des Lebens und esse und lebe ewiglich!

...

Anhang 4

Die Urknalltheorie und die Schöpfungsidee

Edwin Powell Hubble fand nach astronomischen Beobachtungen im Jahre 1929 heraus, daß die Rotverschiebung der Galaxien proportional zu ihrer Entfernung wächst. „Nun war klar, daß die Galaxien weit entfernte Sternsysteme sind, die sich alle voneinander entfernen, ähnlich wie Bombensplitter nach einer Explosion.“ Die Theorie von der Expansion des Universums galt damit als bewiesen.

Aus dieser Entdeckung wurde in der Folge eine Theorie entwickelt, die umstritten ist, weil sie bis heute nicht durch Beobachtungen belegt werden kann – die Urknalltheorie. Sie fußt nach meinem Verständnis auf einer aus der Expansion des Universums fehlerhaft abgeleiteten Grundannahme. Man geht davon aus, daß die Expansion des Universums unidirektional ist und betrachtet diese Festlegung als unumstößliches Axiom. Schon mit der Bemerkung „ähnlich wie Bombensplitter...“ (oben) wird das suggeriert. Das fehlende Hinterfragen dieser Annahme ermöglicht in der Folge das Ableiten weiterer falscher, beinahe abenteuerlicher Schlüsse:

1. Wenn sich das Universum unumkehrbar ausdehnt, so muß es am Anfang des Expansionsprozesses in einem einzigen Punkt vereinigt gewesen sein.

2. Die unendliche Energie in diesem Punkt führte zu einer Urexplosion, in der die Materie aus Energie erzeugt wurde – dem Urknall.

3. Vor diesem „Anfang“ des Universums existierte nichts, es ist der Nullpunkt der Zeit, Raum und Zeit sind mit dem Urknall entstanden.

4. Die fortschreitende Expansion hat im Zusammenhang mit der damit einhergehenden Abkühlung zur Entwicklung der existierenden Vielfalt der Materieformen geführt. Am „Anfang“ gab es diese Formen nicht.

5. Die fortschreitende Expansion muß zwingend in einem Ende des Universums aufgehen, in dem auch Raum und Zeit enden müssen.

Keine dieser Schlußfolgerungen ist belegbar.

Die Schlußfolgerung in Ziffer 1 ist in sich selbst nicht schlüssig. Nach Berechnungen, die auf der nachgewiesenen Expansion des Universums fußen, müßte der Anfangspunkt der Expansion vor etwa 8 Mrd. Jahren liegen. Es wurden jedoch kosmische Objekte gefunden und vermessen, die älter sind, als das aus der Urknalltheorie errechnete Alter des Universums. Sie müßten also vor dem Urknall existiert haben. Was aber bedeutet „vor" dem Anfang der Zeit? Die Unidirektionalität der Expansion des Universums steht dadurch im Zweifel. Um diesen Widerspruch zu lösen, wurden die Begriffe „dunkle Energie" und, abgeleitet aus dem einsteinschen Masseäquivalent $E = m*c^2$, „dunkle Materie" eingeführt und in geeigneter Weise definiert, so daß der „Anfang der Zeit" vor etwa 13,7 Mrd. Jahren liegt. Damit endlich wurde die Schlußfolgerung in Ziffer 3 gewissermaßen „passend gemacht".

Wenn aber richtig sein soll, daß es vor dem Urknall nichts gab, so muß das Universum eine berechenbare Außengrenze haben, hinter der keine Materie existieren kann, weil die Expansionsgeschwindigkeit endlich und der Anfang bekannt ist. Wenn es diese Außengrenze nicht gibt, das heißt, wenn außerhalb dieser Rechengrenze Materie existiert, kann es auch keinen Urknall gegeben haben.

Nachdem die Expansion des Universums durch die Beobachtung der Rotverschiebung der Galaxien als etabliert galt, wurden detaillierte Messungen durchgeführt, um die Geschwindigkeit der Expansion und ihre Veränderung über die „Lebenszeit" des Universums zu bestimmen. Traditionelle Modelle besagten, daß sich die Expansion aufgrund der Materie und der durch sie wirkenden Gravitationskräfte verlangsamen muß. Messungen sollten diese Verlangsamung quantifizieren.

Die Messungen, die im wesentlichen auf Entfernungsbestimmungen weit entfernter Supernovae vom Typ 1a basierten, ergaben entgegen dieser Lehrmeinung eine Zunahme der Expansionsgeschwindigkeit. Diese unerwartete Beobachtung wird seitdem auf die unbestimmte dunkle Energie zurückgeführt. In den Modellen besteht das Universum zu 72 % aus dunkler Energie, 23 % aus dunkler Materie und zu 5 % aus der sichtbaren, baryonischen Materie.

Die Existenz der dunklen Energie soll auch eine Erklärung für die „Flachheit" des Universums sein. Geht man von der Urknalltheorie aus, würde die normale Materie nicht ausreichen, um dem Universum eine flache (das heißt im wesentlichen euklidische) Geometrie zu geben, sie betrüge nur 2 bis 5 % der notwendigen Masse. Aus Beobachtungen der gravitativen Anziehung zwischen den Galaxien ergibt sich aber, daß dunkle Materie maximal 30 % der erforderlichen Materie sein kann. Dunkle Energie (aufgrund der einsteinschen Formel $E = mc^2$ hat sie ein Masseäquivalent) würde die fehlende Masse gerade liefern.

So bleiben also auch mit der Definition der „dunklen Energie" und der „dunklen Materie" wesentliche Fragen der Bewegung des Universums unerklärbar.

Welche Eigenschaft des Universums muß dann aber an die Stelle der Unidirektionalität der Ausdehnung gesetzt werden? Anders gefragt, wie muß man die beschleunigte Expansion erklären, die ja durch Beobachtung nachgewiesen und somit als Tatsache bestätigt ist?

Es ist anzunehmen, daß das Universum einer Schwingung (Oszillation) unterliegt, das heißt, nach einer Ausdehnungsphase bis zu einem Maximum (Amplitude) kontrahiert es wieder bis zu einem Minimum, um sich dann wieder auszudehnen. Das Universum „pulsiert" um einen Gleichgewichtszustand, den es auf Grund der Bewegung nicht einnehmen wird. Die Beschleunigung der Expansion ist dann mit der Annahme erklärbar, daß sich das Universum derzeit einige Winkelgrade nach dem Minimum befindet. Auch ließe die Oszillation Erklärungen für die Geometrie des Universums zu, indem sich die Schwingung nicht in einer Ebene, sondern im Raum vollzieht.

Es erscheint sinnvoll, nach den Kräften zu suchen, die diese Gleichgewichtsreaktion steuern. Ziehe man jedoch nur die allgemeine Gravitation in Betracht, käme ein oszillierendes Universum nicht zustande, da es durch die allgemeine Gravitation in sich zusammenstürzen würde. Es muß folglich zur Gravitation eine Gegenkraft existieren, die den Schwingungsprozeß aufrechterhalten kann. Eine plausible Annahme könnte sein, daß das Universum einer Rotation unterliegt. Damit würden Zentrifugalkräfte entstehen, die mit der Gravitation zusammenwirken und ein Kräftegleichgewicht bilden. Diese alles überspannende Rotation wird überlagert durch eine Vielzahl kleiner, lokaler Rotationen, weil alle Galaxien in sich rotieren. Gelänge es, in den lokalen Rotationsbewegungen der Galaxien die durch die Gesamtrotation zwingend hervorgerufenen Coriolis-Verschiebungen nachzuweisen, könnte diese Darstellung einer Bestätigung näherkommen.

Solchen möglichen Beobachtungsergebnissen vorgreifend könnte die folgende Überlegung stehen. Es gibt im Universum kein einziges Objekt, das nicht einer Rotation unterliegt. Alles rotiert, nur das Universum nicht? Mit diesem Postulat würde ja das Universum losgelöst von sich selbst dargestellt. Daß diese Rotation bisher noch nicht in Betracht gezogen wurde, mag daran liegen, daß die gesamte gegenwärtige Kosmologie den Urknall als Axiom ansieht. Die Bewegung der Materie aus einer Explosion heraus kann aber keine Gesamtrotation erzeugen. Der Beweis dafür ist elementar.

Die Gesamtrotation darf jedoch nicht den Fehlschluß initiieren, es müsse ein ortsfestes Zentrum des Universums geben, eine Art Rotationsachse. Es muß eher angenommen werden, daß das Rotationszentrum selbst einer vierdimensionalen Bewegung in Raum und Zeit unterliegt, die durch ständig veränderliche Inhomogenitäten in der Massenverteilung hervorgerufen wird.

Unter dieser Annahme befindet sich das Universum gegenwärtig in einer Expansionsphase, die sich nach einer endlichen Zeit in eine Kontraktionsphase umkehren wird, um nach einer weiteren halben Periode wieder zu expandieren. Diese Schwingung des Universums ist ein ewiger Zyklus.

Daraus folgt unmittelbar, daß die Zeit keinen Anfang hat. Der Raum ist nicht entstanden, er existiert. Es gibt in der Raumzeit den ewigen Zyklus des Übergangs von Masse in Energie und umgekehrt, der seinen Antrieb in der ständigen Bewegung der Materie hat, die letztlich durch die Bewegung immerwährender Veränderung unterliegt. Die Bewegung wird durch die der Materie innewohnenden Kräfte aufrechterhalten. Der ständige Übergang von Masse in Energie und umgekehrt beinhaltet die ständige Entstehung und Aufhebung von Strukturen der Elementarteilchen, daß heißt, das immerwährende Aufbauen und Zerstören der Elemente, das begleitet wird von Energiestrahlungsvorgängen im gesamten Universum in allen Richtungen. Sie wird in der Kosmologie mit der Bezeichnung Hintergrundstrahlung geführt. Diese Hintergrundstrahlung ist nicht als Relikt, als Überbleibsel aus einer Entstehung des Universums zu sehen, vielmehr ist sie ein ständiger, die Bewegung der Materie begleitender Prozeß.

Mit diesem Denkmodell sind fast alle Paradoxa, die dem Urknallgedanken innewohnen, aufgehoben. Alle sogenannten "Beweise" für die Urknalltheorie sind schließlich daraus abgeleitet und auf den Umstand „zugeschnitten“, daß die Unidirektionalität der Universumsbewegung als Axiom angesehen wird. Sie fußen also auf einer falschen Ausgangsannahme. Die völlig spekulativen Konstrukte der dunklen Energie und der dunklen Materie erübrigen sich dadurch. Was bedeutet denn *dunkle Energie* und *dunkle Materie*? In ihrer Festlegung vollzieht sich ein analoger Vorgang zu dem, der bei der Entstehung des Glaubens abgelaufen ist: Nichterklärbare Kategorien werden auf transzendente, übermaterielle, nicht beweisbare Fiktionen ausgelagert, um mit ihrer Hilfe eine Erklärung zu ermöglichen. Ein solches Herangehen ist wissenschaftsfern.

Alle existierenden und gegenwärtig anerkannten Theorien beweisen die Zusammenhänge zwischen den vier Universumskoordinaten, beweisen die Relativität von Raum und Zeit, und sie beweisen die Zusammenhänge zwischen der Raumzeit und der Bewegung, nicht aber, daß die Zeit eine vektorielle Größe ist, das heißt, einen Nullpunkt hat, und auch nicht, daß der Raum entstanden ist, das heißt, daß Materie Energie ohne Raum war.

Die Folge dieser Denkstruktur ist jedoch zwingend, daß der Schöpfungsidee die Grundlage entzogen wird. Es gibt keine Schöpfung, kein Entstehen des Universums, es gibt permanente, ewige Evolution.

Die Schöpfungsidee fußt darauf, daß es eine Art Bewußtsein außerhalb der durch Evolution der Materie entstandenen Intelligenz gibt, also einen Schöpfer, einen Gott oder auch mehrere Götter. Es ist dies jedoch keine objektive Kategorie, sondern ein Fiktivgebilde der Entwicklung der Intelligenz in dem Bestreben, die umgebende Welt zu verstehen. Diesen übermateriellen Bewußtseinsformen werden alle Vorgänge im Bestreben der Erklärung der Welt zugeordnet, für die keine (oder noch keine) rationale Erklärung existiert. Die Intelligenz kann nicht außerhalb der Materie existieren, ist an Materie gebunden, sie ist ein Evolutionsergebnis der Materie – das Gehirn.

Somit ist das Schwingungsmodell des Universums grundsätzlich konträr zu jeglicher religiöser Denkform und schließt sie aus.

Noch eine fatale Folge hat das Schwingungsmodell. Das Bestreben der sich entwickelnden Intelligenz nach Erklärung der umgebenden Welt wird Lücken erhalten. In der gegenwärtigen Entwicklungsphase nicht erklärbare Vorgänge können nicht mehr auf überirdische, auf außermaterielle Lenkung „ausgelagert“ werden, da es keine gibt. Das Weltbild der Intelligenz wird nur so vollkommen sein, wie es der aktuelle Entwicklungsstand zuläßt. Auf viele Fragen wird es langfristig oder dauerhaft keine Antwort geben.

Die Mathematiker benutzen zur Beschreibung der Vorgänge, die in der Raumzeit keine Erklärung haben, mehrdimensionale Räume (mehr als 4 Dimensionen). Das sind fiktive Gebilde, mit denen komplexe oder irrationale Vorgänge erfaßbar und berechenbar werden. Ähnlich, wie man in der Elektrotechnik einem Phasenlauf, der mit der eindimensionalen Stromkoordinate nicht erklärbar wäre, mit Hilfe der imaginären Größe i (Wurzel aus –1) eine fiktive Koordinate gibt und damit berechenbar macht. Diese Größe i liegt außerhalb des realen Vorstellungsvermögens, sie ermöglicht aber, Blindströme induktiver und kapazitiver Ursprünge zu berechnen. Ich bin sicher, jeder muß sich von der Behauptung trennen, sich mehrdimensionale Räume "vorstellen" zu können. Mehrdimensionale Räume sind mathematische Gebilde, mit denen man Vorgänge beschreibt, die im physikalischen Raum oder der Raumzeit keine Erklärung haben, zum Beispiel das Gleichzeitigkeitsproblem - ein räumliches Objekt befindet sich gleichzeitig an zwei Orten (Quantenmechanik). Oder das Raum-Zeit-Kontinuum, in dem in einem Inertialsystem mit c (Lichtgeschwindigkeit) in der Bewegungsrichtung zum Betrachtersystem die Anzahl der Raumkoordinaten auf 2 reduziert wird (Lorentz). Aber diese Gebilde bleiben virtuell.

Anhang 5

Offener Brief von 33 Wissenschaftlern zur Urknalltheorie

Die Urknalltheorie basiert auf einer großen Anzahl hypothetischer Wesenheiten, auf Dingen, die wir niemals beobachtet haben - Aufblähung, geheimnisvolle Materie und dunkle Energie sind die auffallendsten Beispiele. Ohne diese gäbe es einen fatalen Widerspruch zwischen den Beobachtungen durch die Astronomen und den Vorhersagen der Urknalltheorie.

In keinem anderen Bereich der Physik würde diese stetige Zuflucht in neue hypothetische Objekte als ein Weg akzeptiert werden, um die Lücken zwischen Theorie und Beobachtung zu schließen. Irgendwann müßten ERNSTHAFTE FRAGEN ÜBER DIE RICHTIGKEIT DER ZUGRUNDELIEGENDEN URKNALLTHEORIE AUFGEWORFEN WERDEN!

Doch die Urknalltheorie kann ohne diese zurechtgepfuschten Faktoren gar nicht überleben. Ohne das hypothetische Inflationsfeld kann mit dem Urknall die fließende isotropische kosmische Hintergrundstrahlung, die man beobachten kann, nicht erklärt werden, weil es keine Möglichkeit gibt für Teile des Universums, die sich nun weit mehr als nur wenige Grade vom Himmel weg befinden, die gleiche Temperatur anzunehmen und somit dieselbe Menge an Mikrowellenstrahlung auszuströmen.

Ohne eine Art von geheimnisvoller Materie, ungleich zu jener, die wir trotz 20 Jahre voller Experimente beobachtet haben, stellt die Urknalltheorie widersprüchliche Vorhersagen für die Dichte der Materie im Universum auf. Eine Inflation erfordert normalerweise eine 20 Mal höhere Dichte als die, die in der Urknall-Atom-Zusammensetzung, der Erklärung über den Ursprung der Lichtelemente, angedeutet wurde. Die Theorie sagt aus, daß das Universum ohne dunkle Energie nur ungefähr 8 Milliarden Jahre alt sei, was Milliarden von Jahren jünger wäre, als das Alter vieler Sterne in unserer Galaxie.

Ferner hat die Urknalltheorie keine quantitativen Vorhersagen aufzuweisen, die hinterher durch Beobachtung bestätigt werden konnten. Die Glanzleistungen, auf die die Anhänger der Theorie sich beriefen, bestehen aus der Fähigkeit, Beobachtungen rückwirkend mit einer stets ansteigenden Ordnung verstellbarer Parameter tauglich zu machen, gerade als bräuchte die alte Kosmologie mit der Erde im Mittelpunkt Ebene für Ebene neue Epizyklen.

Doch der Urknall ist nicht das einzige verfügbare Gerüst, um das Universum zu verstehen. Sowohl durch die Plasmakosmologie als auch dem Modell des festen Zustandes entstand die Vermutung von einem sich entwickelnden Universum ohne Anfang und Ende. Diese und andere alternative Versuche können das grundlegende Phänomen des Kosmos, darunter die Fülle der Lichtelemente, die Generation von Strukturen großen Ausmaßes, die kosmische Hintergrundstrahlung und wie die Rotverschiebung von weit entfernten Galaxien an Abstand zunimmt, ebenfalls erklären. Diese haben sogar neue Erscheinungen vorhergesagt, die später beobachtet wurden. Dies war bei der Urknalltheorie kein einziges Mal der Fall.

Anhänger der Urknalltheorie mögen erwidert haben, daß auch diese Theorien nicht jede kosmische Beobachtung erklären können. Das kommt kaum überraschend, da ihre Entwicklung durch den vollständigen Mangel an Forschungsgeldern ernsthaft gehemmt wurde. In der Tat können solche Fragen und Alternativen noch nicht einmal jetzt frei diskutiert und überprüft werden. In den meisten Konferenzen der "Mainstream-Forscher" fehlt ein offener Austausch von Ideen.

Während Richard Feymann sagen konnte, daß "Wissenschaft die Kultur des Zweifels sei", werden bei der Kosmologie heutzutage keine Zweifel und abweichende Meinungen toleriert. Junge Wissenschaftler lernen, sich still zu verhalten, wenn sie etwas Negatives über das Standard-Urknallmodell zu sagen haben. Diejenigen, die die Urknalltheorie anzweifeln, fürchten, daß es ihre Zulassung kostet, wenn sie dies aussprechen.

Selbst Beobachtungen werden heute durch diesen voreingenommenen Filter interpretiert. Ob sie für richtig oder falsch angesehen werden, hängt davon ab, ob sie die Urknalltheorie unterstützen oder nicht. So werden abweichende Daten von der Rotverschiebung, der Fülle von Lithium und Helium, und die Verteilung der Galaxien zwischen anderen Themen ignoriert oder als lächerlich abgestempelt. Dies spiegelt eine wachsende dogmatische Einstellung wider, die für den Geist freier wissenschaftlicher Untersuchungen einen Fremdkörper darstellt.

Heute werden eigentlich alle finanziellen und Versuchsmittel an die Urknallstudien hingegeben. Die Geldmittel stammen aus nur wenigen Quellen und die Untersuchungssausschüsse, die sie kontrollieren, werden von Anhängern der Urknalltheorie beherrscht. Dies hat zur Folge, daß sich die Herrschaft der Urknalltheorie auf diesem Gebiet ohne Rücksicht auf die wissenschaftliche Gültigkeit der Theorie selbst aufrechterhält.

Da nur Projekte innerhalb des Urknallsystems Unterstützung erhalten, wird ein grundlegendes Element der wissenschaftlichen Methoden untergraben - die stetige Überprüfung der Theorie anhand von Beobachtungen. Eine solche Einschränkung macht vorurteilsfreie Diskussionen und Forschungen unmöglich. Um dem abzuhelfen, treiben wir diese Dienststellen, die die Arbeit in der Kosmologie mit Geldern unterstützen, an, einen bedeutenden Bruchteil ihrer Geldmittel für Nachforschungen in alternative Theorien und zu beobachtende Widersprüche zur Urknalltheorie bereit zu halten. Um Vorurteile zu vermeiden, könnte man den Prüfungsausschuß, der solche Gelder zuteilt, aus Astronomen und Physikern außerhalb des Kosmologiebereiches zusammenstellen.

Geldmittel auch für Untersuchungen zur Richtigkeit der Urknalltheorie und seine Alternativen würden den wissenschaftlichen Prozeß möglich machen, der ein richtiges Modell der Geschichte des Universums ermöglicht.

Unterzeichnet u. a. von:

Halton Arp, Max-Planck-Institut Für Astrophysik (Deutschland)
Eric J. Lerner, Lawrenceville Plasma Physics (USA)
Michael Ibison, Institute for Advanced Studies at Austin (USA) / Earthtech.org
http://www.earthtech.org/

http://xxx.lanl.gov/abs/astro-ph/0302273
http://supernova.lbl.gov/~evlinder/linderteachin1.pdf
John L. West, Jet Propulsion Laboratory, California Institute of Technology (USA)
James F. Woodward, California State University, Fullerton (USA)
Andre Koch Torres Assis, State University of Campinas (Brazil)
Yuri Baryshev, Astronomical Institute, St. Petersburg State University (Russland)
Ari Brynjolfsson, Applied Radiation Industries (USA)
Hermann Bondi, Churchill College, University of Cambridge (UK)
Timothy Eastman, Plasmas International (USA)
Chuck Gallo, Superconix, Inc.(USA)
Thomas Gold, Cornell University (emeritus) (USA)
Amitabha Ghosh, Indian Institute of Technology, Kanpur (India)
Walter J. Heikkila, University of Texas at Dallas (USA)
Thomas Jarboe, University of Washington (USA)
Jerry W. Jensen, ATK Propulsion (USA)
Menas Kafatos, George Mason University (USA)
Paul Marmet, Herzberg Institute of Astrophysics (pensioniert) (Canada)
Paola Marziani, Istituto Nazionale di Astrofisica, Osservatorio Astronomico di Padova (Italien)
Gregory Meholic, The Aerospace Corporation (USA)
Jacques Moret-Bailly, Universitė Dijon (retired) (Frankreich)
Jayant Narlikar, IUCAA(emeritus) and College de France (Indien, Frankreich)
Marcos Cesar Danhoni Neves, State University of Maringá (Brazil)
Charles D. Orth, Lawrence Livermore National Laboratory (USA)
R. David Pace, Lyon College (USA)
Georges Paturel, Observatoire de Lyon (Frankreich)
Jean-Claude Pecker, College de France (Frankreich)
Anthony L. Peratt, Los Alamos National Laboratory (USA)
Bill Peter, BAE Systems Advanced Technologies (USA)
David Roscoe, Sheffield University (UK)
Malabika Roy, George Mason University (USA)
Sisir Roy, George Mason University (USA)
Konrad Rudnicki, Jagiellonian University (Polen)
Domingos S.L. Soares, Federal University of Minas Gerais (Brasilien)

Anhang 6

Die Geschichte der Urknalltheorie

Im Jahre 1927 trat der Jesuitenpater Abbè Georges Edouard Lemaitre (1894 – 1966), ein belgischer Theologe, Priester und Astrophysiker, mit einer abstrusen Theorie an die Öffentlichkeit: Das Universum habe sich aus einem einzigen Uratom durch fortwährende Spaltung des Atomkerns entwickelt, in dem die gesamte Materie des Universums enthalten gewesen sein soll.

Wer war der Abbè Lemaitre? Schon in jungen Jahren war er sich sicher, daß er Priester und Wissenschaftler werden wollte. Mit 17 Jahren ging er von einer Jesuitenschule an die Katholische Universität Löwen. Im Ersten Weltkrieg kämpfte er als Freiwilliger in einer Artillerieeinheit der belgischen Armee. Nach dem Krieg setzte er seine Studien der Physik und der Mathematik fort und bereitete sich auf das Priesteramt vor. 1920 promovierte er mit der Arbeit *L'approximation des fonctions de plusieurs variables réelles* („Näherung von Funktionen mehrerer reeller Variablen"). 1922 empfing er die Priesterweihe. 1923 wurde er ordiniert. Im selben Jahr ging er an die Universität Cambridge, wo Arthur Eddington ihn in die moderne Stellarastronomie und die numerische Analyse einführte. Nach einem Studienaufenthalt am Massachusetts Institute of Technology in den USA kehrte Lemaître 1925 nach Belgien zurück und lehrte in Teilzeit an der Universität Löwen. Hier begann er 1927, seine Ideen zur Expansion des Universums aufzuschreiben, die er 1929 veröffentlichte. Der Abbé Lemaître beschäftigte sich zwangsläufig auch mit der Frage nach der Vereinbarkeit von katholischer Schöpfungslehre und der wissenschaftlichen Ausarbeitungen zur Urknalltheorie. Im Dezember 1940 wurde er aufgrund seiner wissenschaftlichen Leistungen in die Päpstliche Akademie der Wissenschaften berufen. 1960 wurde Lemaître bis zu seinem Tod Präsident der Akademie, mit dem Amt verbunden war die Verleihung des Titels eines päpstlichen Prälaten. 1964 wurde Abbé Georges Edouard Lemaître emeritiert.

Das heißt, der Ursprung der Urknalltheorie geht nicht auf Astrophysiker, nicht auf Astronomen und nicht auf wissenschaftlich orientierte Kosmologen zurück, sondern auf einen Mann der Kirche, der sich zum Grundsatz machte, das Universum nicht als ewig in der Raumzeit in Bewegung befindlich anzusehen, sondern es getreu der biblischen Schöpfungslehre entstehen zu lassen.

Der Abbè Lemaitre stützte sich vor allem auf zwei Tatsachen:

- Inspiriert vom gerade entdeckten radioaktiven Zerfall, bei dem ein Atomkern scheinbar fortgesetzt Teilchen mit hoher Geschwindigkeit ausstößt, konstruierte er ein Uratom, das durch rasend schnelle Teilung und Ausstoßung – ähnlich der progressiven Vermehrung in einer Bakterienkultur – den fortgesetzt expandierenden Kosmos erzeugte.

- Gestützt schien sein Weltmodell durch Hubbles Erkenntnis, daß die Größe der Rotverschiebung von Himmelsobjekten proportional zu ihrer Entfernung vom Beobachter ist.

Lemaître stellte seine Ideen auf einem Kongreß in London vor, der sich mit dem Ursprung des Universums und der Spiritualität beschäftigte. Er beschrieb seine Vorstellungen vom Ursprung des Universums als Uratom, „ein kosmisches Ei, das im Moment der Entstehung des Universums explodierte“. In diesem Uratom soll die gesamte heute im Universum vorhandene Materie zusammengepreßt gewesen sein. Er zog dabei unter anderem die Rotverschiebung weit entfernter Galaxien heran. Seine Kritiker bezeichneten danach die Theorie als Urknalltheorie (engl. Big Bang). Eddington und auch Einstein lehnten sie zuerst ab, weil sie ihrer Meinung nach zu sehr an die christliche Vorstellung von der Erschaffung der Welt angelehnt war und weil sie vom physikalischen Standpunkt viele Unschönheiten hatte, wie beispielsweise Singularitäten. Der Streit darüber hielt über mehrere Jahrzehnte an. Lemaitre gelang es schließlich, Einstein auf einer Reise nach Kalifornien von seiner Theorie zu überzeugen, nachdem er sie ihm in allen Einzelheiten dargelegt hatte. Auf einer Tagung im November 1951 akzeptierte die Päpstliche Akademie der Wissenschaften Lemaîtres Theorie. Papst Pius XII. sprach am 23.11.1951 vor den Mitgliedern der Päpstlichen Akademie der Wissenschaften und führte in einem abschließenden Vortrag aus, der mit dem Urknall zeitlich festlegbare Anfang der Welt sei einem göttlichen Schöpfungsakt entsprungen.

Die Ergebnisse „moderner Wissenschaft", auf die sich Papst Pius XII. beruft, stammen also von einem Kirchenmann.

Es ist für den weiteren Fortgang der Geschichte äußerst bezeichnend, wie eifrige Kosmologen für die gute Sache ein wenig Tatsachenkosmetik betreiben: „Wollen wir die Entstehung des Kosmos, von Raum und Zeit, als Schöpfungsakt eines göttlichen Wesens interpretieren, so hindern uns die naturwissenschaftlichen Ergebnisse nicht daran. Im Gegenteil. Der physikalischen Forschung würde sich dies wohl gerade wie das Standardmodell des Urknalls darstellen." (G. Börner, National Geographic 12/03).

Da war es heraus, man machte es öffentlich: Der gesamte wissenschaftliche Aufwand hatte ein dreiviertel Jahrhundert nicht der bestmöglichen Erklärung beobachteter Tatsachen gegolten, sondern war eine Art Gefälligkeitsgutachten der Naturwissenschaft zur Stütze eines Glaubensdogmas. Die Urknalltheorie stellte sich plötzlich als eine Übersetzung der Schöpfungsgeschichte ins Physikalische dar – gewissermaßen das Auftragswerk einer Glaubensgemeinschaft (31).

Die Deutsche Physikalische Gesellschaft meldet im Jahre 2000 Vollzug für einen im Jahre 1951 erteilten Auftrag: „Es scheint, daß es in der Tat der modernen Wissenschaft gelungen ist, durch geniales Zurückgreifen um Hunderte Jahrmillionen irgendwie Zeuge zu sein von jenem am Uranfang stehenden ‚Fiat lux', als die Materie ins Dasein trat und ein Meer von Licht und Strahlung aus ihr hervortrat, während sich die chemischen Elementarteilchen absonderten und zu Millionen von Milchstraßensystemen vereinigten ... Die Erschaffung also in der Zeit; und deshalb ein Schöpfer; und folglich ein Gott. Das ist die Kunde, die wir, wenn auch nicht ausdrücklich und ausschließlich, von der Wissenschaft verlangten und welche die heutige Menschheit von ihr erwartet."

Die Kunde, die der Papst von den Wissenschaften verlangte und welche die heutige Menschheit erwartet, wurde, wenn auch mit einiger Verzögerung, von den besten Köpfen der Naturwissenschaft präsentiert. In reinster Unschuld wird suggeriert, die reine, unbefangene und unabhängige Forschung habe zuerst die Urknalltheorie als unabweisliche Welterklärung notwendig gemacht, und erst danach habe man eine verblüffende Übereinstimmung mit der biblischen Schöpfungsgeschichte festgestellt. Dabei fällt auf, daß ausgerechnet diejenigen, die eine Bestätigung ihrer wissenschaftsfremden Ansichten „zufällig" in den wissenschaftlichen Ergebnissen wiederfinden, nicht gern vom Jesuitenpater Lemaitre sprechen, jenem belgischen Abbè, der neben seiner Priesterausbildung naturwissenschaftliche Studien trieb und gezielt nach einer wissenschaftlichen Welterklärung suchte, die im Einklang mit den biblischen Mysterien steht. Der katholische Geistliche Lemaitre setzte die Idee vom explodierenden „Atom primitif" 1927 in die Welt, einem Uratom, das wie eine explodierende Granate in einem Lichtblitz ungeheure Energie und Materie in den Raum schleuderte und den expandierenden Kosmos hervorbrachte. Abbè Lemaitre ist der Erfinder der später als „Big Bang" verspotteten, dann mit großer populistischer Lautstärke zur Anerkennung gebrachten Urknalltheorie.

Die Wucht der durch den Klerus einvernommenen Vereinigungen von Astronomen, Kosmologen und Astrophysikern hatte es geschafft, ihre „äußerst spekulativen" Hypothesen (Alan Guth) mit einer solchen Lautstärke und Nachhaltigkeit in die Welt zu posaunen, daß seriöse Forscher wie zum Beispiel Halton Arp (geb. 1927), die eigentlich ganz entgegenstehende Beobachtungen gemacht hatten, ohne Gehör bleiben mußten. Die Urknalltheorie wurde zum allgemeinen Axiom erklärt, dem zu widersprechen als völlig unwissenschaftlich dargestellt wurde und den widerspruchführenden Forschern Schmach und Mißachtung, und vor allem keine Anstellung in den wissenschaftlichen Gremien und Einrichtungen bescherte.

Wurde Galileo Galilei für seine tiefgründigen Forschungen und Beiträge zu einem fundierten Weltbild beinahe verbrannt und dauerte die Anerkennung seiner Leistungen durch die katholische Kirche stolze dreihundertfünfzig Jahre, so wurde Abbè Lemaitre für seine eher dürftige, laienhafte Bastelarbeit umgehend mit Auszeichnungen, Ehrendoktorwürden und Ämterangeboten überhäuft. Seine zahlreichen Vortragsreisen und Gastprofessuren während der dreißiger Jahre, vor allem im tief religiösen Nordamerika, brachten ihm stehende Ovationen und uneingeschränkte Anerkennung ein.

Da nun die Spekulation einmal den Raum der Wissenschaft erfaßt hatte, konnte auch der Physiker Frank J. Tipler (geb. 1947 in Andalusia, Alabama, USA), ermutigt von der Erfolgsgeschichte der Urknalltheorie, seine *Auferstehung der Toten im Omegapunkt* vorlegen, eine weitere ungereimte Pseudowissenschaft, die nun erfolgsversprechend geworden war. Seine Theorie gipfelte darin, was er hinter der „reinen physikalischen Forschung“ sieht: „Die Zeit ist gekommen, die Theologie in der Physik aufgehen, den Himmel ebenso wirklich werden zu lassen wie ein Elektron.“ Und weiter: „Im vorliegenden Buch will ich die Omegapunkt-Theorie beschreiben, eine beweisbare physikalische Theorie, die besagt, daß ein allwissender, allmächtiger Gott eines Tages in der fernen Zukunft jeden einzelnen von uns zu einem ewigen Leben an einem Ort auferwecken wird, der in allen wesentlichen Grundzügen dem jüdisch-christlichen Himmel entspricht.“

Die Physik hat nun die Theologie absorbiert; die Trennung zwischen Vernunft und Gefühl ist überwunden. „Die Wissenschaft kann nun angesichts des Todes exakt denselben Trost spenden wie einst die Religion. Die Religion ist nun Teil der Wissenschaft.“ So niedergeschrieben in Frank J. Tiplers „Physik der Unsterblichkeit“.

Und dann wird die Absurdität gänzlich auf die Spitze getrieben. „Meine Studenten“, so Tipler, „fragen mich oft: Gibt es Sex im Himmel? ... Ja, wer Sex wünscht, wird ihn haben. ... der Omegapunkt kann Partner zusammenbringen, die zueinander passen: ... Jeder Mann könnte sich nicht nur mit der schönsten Frau der Welt paaren, nicht nur mit der schönsten Frau, die je gelebt hat, sondern sogar mit der schönsten Frau, deren Existenz logisch möglich ist.“ usw. Kurz, alles logisch Mögliche wird in einer fernen Zukunft zur Realität, die Träume, auch die sexuellen, werden wahr, das Paradies existiert tatsächlich – Tipler hat es physikalisch exakt mit einem schwerbeeindruckenden Wust undurchdringlicher Formeln „bewiesen“. Und er verkündet sein Wunschdenken bereits als wissenschaftliche Tatsache: „Die Theologie ist nichts anderes als physikalische Kosmologie.“ (31)

Wissenschaft adieu! Forschung als Dienstleistung für den Vatikan! In der Fachwelt stoßen Tiplers Darstellungen auf heftige Kritik. Kritisiert wird vor allem, daß sein Szenario auf einer Vielzahl von unrealistischen Annahmen beruht, von denen jede so hochspekulativ ist, daß man sie einzeln ins Reich der Phantasie verbannen müsse.

Wie aber mit Wissenschaftlern umgegangen wird, die nicht in den katholisch-klerikalen Kosmologenchor einstimmen wollen, zeigt ein Artikel aus der *Los Angeles Times* vom 15.02.1982: „...Halton Arp, 55, stand an einem kritischen Zeitpunkt in seiner 25 Jahre langen wissenschaftlichen Karriere. Ein Ausschuß von Astronomen, der jedes Jahr Beobachtungszeiten an den Teleskopen von Mr. Wilson, Palomar Mountain und Las Companas, Chile, zuteilt, hat ihm geraten, entweder er beweist seine Theorie oder er nimmt substantielle Änderungen in seinen Forschungszielen vor, man könne ihm nicht länger Beobachtungszeit bewilligen. Solch eine Entscheidung, wenn sie im nächsten November vom Ausschuß für die Zuteilung von Teleskop-Beobachtungszeiten des Jahres 1983 getroffen wird, würde die Karriere von Arp genauso viel gefährden, wie der Verlust des Hospitalprivilegs für einen Chirurgen. ... Der Fall Arp stellt eine seltene Ansicht dessen dar, wie Wissenschaft mit Meinungsverschiedenheiten fertig wird. Einige schlossen daraus, daß dieser Streit ein klassisches Beispiel für eine abweichende Stimme ist, die durch eine starke Majorität erstickt zu werden droht." Ein Vergleich mit der „heiligen Inquisition" läßt sich angesichts solcher Vorgehensweisen nun kaum noch unterdrücken.

Max Rauner schreibt im *Spiegel* am 02.01.2010: „Der Astronom Halton Arp sammelt seit 40 Jahren Indizien gegen die Urknalltheorie. Viele Kollegen halten ihn für die größte Nervensäge ihrer Zunft. Doch für einige Mitstreiter ist der Dauernörgler ein Beleg dafür, daß Querköpfe wie er für die Wissenschaft unentbehrlich sind."

Frank J. Tipler ist zwar der vorläufig letzte, der die Kirchendoktrin mathematisch zu beweisen versucht, der erste aber ist er wahrlich nicht. Die Kirche hatte schon immer ihre Not mit der Wissenschaft und mußte sich ihrer bedienen, um nicht am eigenen Untergang zu arbeiten. Im Jahre 1808, etwa dreihundert Jahre nach der kopernikanischen Wende, schrieb ein Wissenschaftler namens Dr. Johann Heinrich Jung (1740 – 1817), genannt Stilling, eine „Theorie der Geisterkunde, in einer Natur- Vernunft- und Bibelmäßigen Beantwortung der Frage: Was von Ahnungen, Gesichten und Geistererscheinungen geglaubt und nicht geglaubt werden müsse." (Nürnberg 1808). Der Titel verrät, wenn man ihn denn sprachlich entziffert hat, daß auch hier Naturwissenschaft, Vernunft und in der Bibel offenbarte Geschichten zu einer in sich stimmigen Theorie vereint werden sollten – einer Theorie der Geisterkunde, die mit hohem wissenschaftlichen Anspruch die wahre Existenz von Geistern beweisen sollte. Jung-Stilling ist der „unwidersprechliche Beweis" für seine Theorie überzeugend gelungen – vorausgesetzt, man akzeptiert seine anfangs gemachten Annahmen: „Das alte Weltsystem, wo die Erde mit der Menschheit der Hauptgegenstand der Schöpfung ist, und sich alles andere um sie her bewegt, ist die natürlichste, allen Menschen sich aufdringende Vorstellung; sie läßt sich auch am leichtesten mit den Vorstellungen der übersinnlichen Welt vereinbaren, und ist also für uns das wahreste System; das kopernikanische hingegen, ist durch Vernunftschlüsse entstanden, die sich auf die Wirklichkeit des Raums und der Zeit gründen, und also nicht wahr sind. Jeder vernünftige Mensch, der nur einigermaßen eines ruhigen und unparteiischen Nachdenkens fähig ist, muß und wird alles bisher Gesagte unwidersprechlich wahr finden. ..."(31)

Hier kräuselt sich nun schon die Logik: „...das kopernikanische hingegen, ist durch Vernunftschlüsse entstanden, die sich auf die Wirklichkeit des Raums und der Zeit gründen, und also nicht wahr sind." Die Wahrheit ist also nicht wahr. Wer hätte das gedacht! Wer solcher Logik folgen kann, ist selber schuld.

So ist es besser, wieder in die Realität zurückzukommen. Für Halton Arp gab es 1998 ein zentrales Erlebnis in der „Konferenz über aktive galaktische Kerne" in Armenien. Dort hatte er endgültig den Produktionsmechanismus welteinheitlicher Urknallansichten erfahren sollen. Armenien war die Wirkungsstätte des weltweit renommierten Astrophysikers Viktor Ambarzumjan (1908 – 1996), und hier sollte ihm zu Ehren zwei Jahre nach seinem Tod ein internationales Symposium stattfinden.

Die Entstehung von Galaxienkeimen sollte nach der „modernen" Urknalltheorie gleich nach dem Big Bang erfolgt sein, während Ambarzumjan das fortwährende Ausstoßen von Galaxienkernen aus größeren aktiven Galaxien beobachtet und fotografiert hatte und nie ein Hehl aus seiner Urknallkritik gemacht hatte: „Jedoch sind konkrete Eigenschaften dieser Lösungen, wie die von einem singulären Punkt ausgehende Expansion, lediglich das Resultat der groben, sehr speziellen Annahmen und können nicht ernst genommen werden. Sieht man in diesen speziellen Lösungen der Gravitationsgleichungen eine Bestätigung der religiösen Vorstellungen über die Schöpfung der Welt, dann bedeutet dies nicht nur hemmungslose Extrapolation, weil man von groben und im wesentlichen unrichtigen Hypothesen ausgeht, sondern auch Preisgabe des Wirklichen vor dem Gewünschten.“ (V. A. Ambarzumjan, Probleme der modernen Kosmogonie, Birkhäuser Basel u. Stuttgart 1976).

Zur Organisation der Konferenz äußerte sich Arp so: „Es gab zwei unter den Organisatoren, die die vorhandene Redezeit mit jenen Forschern füllen wollte, die mit modernen Urknall-Themen beschäftigt waren. Es folgte ein beträchtlicher Kampf um die Einladung wenigstens einiger Redner, die Ambarzumjans mutige Theorie der Entstehung junger Galaxien der modernen Ansicht gegenüber stellen würden.“

Bei der Eröffnung der internationalen Konferenz zu Ehren Ambarzumjans, zu der die Akademie der Wissenschaften eingeladen hatte, gab es niemand, der im Begriff war, die Leistungen des Astrophysikers zu würdigen, und so übernahm schließlich Arp diese Aufgabe. Längst waren die meisten Forscher hinsichtlich ihrer internationalen Karriere auch im Ostblock vor 1989 auf die Urknall-Linie eingeschwenkt, und so war Ambarzumjan auch im eigenen Lande zunehmend isoliert. Man sonnte sich in dessen Ruhm, nicht in seinen Gedanken, ein üblicher Vorgang.

Als sich die Konferenz dem Ende näherte und ganz zuletzt noch einige nicht mit dem Urknall übereinstimmende Beobachtungen dargestellt werden sollten, waren plötzlich fast alle Konferenzteilnehmer krank. Ein Festbankett war den Teilnehmern auf Magen und Darm geschlagen. Doch allen Widrigkeiten zum Trotz hielt Arp seinen Vortrag und schockte die Teilnehmer mit präzisen Abbildungen, die den physischen Zusammenhang von aktiven Galaxien und Quasaren unterschiedlicher Rotverschiebung zeigten – eine urknallerische Unmöglichkeit. Arp sagte im Anschluß: „Die Reaktion der meisten Konferenzteilnehmer war Null. Wie üblich wägten jüngere Astronomen ab, was für ihre Karriere wichtig war. Die etablierten Astronomen waren gewöhnt, die Beobachtungsbeweise jener Forschergruppen zu mißachten, die all jene Annahmen für ungültig erklärten, auf denen sie ihre Karrieren errichtet hatten. Einige lokale

Forscher zeigten mir nach der Konferenz noch privat einige Beweise, die sie aufgedeckt hatten, aber es gab keine Möglichkeit sie zu unterstützen, und so ist nichts mehr von ihnen gehört worden. Die zwei Verfechter der orthodoxen Urknallehre im Organisationsausschuß verband jedoch Filz, und so lieferten sie Gründe, warum die Beobachtungen mißachtet werden sollten.“ (31)

Einer der profiliertesten Astronomen jener Zeit – Halton C. Arp –, der 1984 die USA verließ, weil ihm dort die Forschungsmöglichkeiten entzogen wurden, mußte nun auch noch erleben, wie ihm die Publikationsmöglichkeiten erheblich erschwert wurden. Auch seinem Hauptwerk mit dem beziehungsreichen Titel „Seeing Red“ erging es sonderbar: Es wurde schließlich in Kanada verlegt, doch es fand sich kein Verlag, dieses Standardwerk ins Deutsche zu übertragen und damit einem breiten Publikum in Deutschland zugänglich zu machen. Arp haben all diese Widrigkeiten nicht entmutigen können: „Ich nehme das alles nicht persönlich, aber ich schreie für die Wissenschaft“ schreibt er 1998 im Vorwort zu „Seeing Red“ – Rot sehend. Arp zählte offiziell zu den 20 weltbesten und meist zitierten Astronomen – bis er durch seine Urknallkritik in Ungnade fiel und in kürzester Zeit nur noch weit abgeschlagen unter den 200 bekanntesten Astronomen geführt wurde.

„Wenn es den Mathematikern, Physikern und Kosmologen gelungen ist“, so Arp, „aus der Deutung von Beobachtungsdaten und Rückrechnung bis zum Urknall die gesamte Entwicklung des Universums zu rekonstruieren, so sollte es doch umgekehrt möglich sein, aus der Kenntnis der gegenwärtigen Weltenlage wenigstens einige Jahrhunderte voraus zu rechnen und diese fernere Weltenlage zu beschreiben.“ Täte man dies wirklich, müßte man doch wohl erkennen, daß es unter der Annahme, die Urknalltheorie sei richtig, eine konkret berechenbare Außengrenze des Universums geben müßte, hinter der keine Materie mehr existieren kann, weil die Ausdehnungsgeschwindigkeit endlich und der Anfang bekannt ist. Es ist zu befürchten, daß es eine solche Grenze nicht gibt. Es ist aber auch zu befürchten, daß man mit den heute etablierten Wissenschaftsorganisationen verhindern wird, Materie hinter dieser Grenze zu suchen, denn beim geringsten positiven Ergebnis wäre der Urknall ad acta.

Am 22.11.2004 las man plötzlich eine sehr überraschende Meldung aus dem Vatikan. In einem Dokument der Theologenkommission unter dem Titel „Gemeinschaft und Dienst" heißt es: „...daß die Urknall-Theorie nicht der Annahme widerspreche, daß die Materie auch vor dem großen Knall als Schöpfung Gottes existiert habe. Es ist wissenschaftlich nicht unzulässig, einen vor dem Urknall liegenden Uranfang anzunehmen." (www.kreuz.net, 2005) Das Dokument wurde vor der Veröffentlichung vom Präsidenten der Theologenkommission, Joseph Kardinal Ratzinger, geprüft und für gut befunden. Dieser radikale Dogmenwechsel des Vatikans in Sachen Schöpfung fand ein nur sehr bescheidenes öffentliches Interesse – vielleicht deshalb, weil damit das langjährige Kapitel „Naturforschung" für eine „Weltschöpfung" abrupt endete und die Protagonisten dazu lieber schwiegen. Fünf Monate nach dieser sensationellen Meldung wurde Ratzinger zum Papst gewählt. Und plötzlich interessierte sich eine Öffentlichkeit für all jene Schriften und Aussagen, die Ratzinger vorher einmal zu verantworten hatte. Also mußte es so kommen, daß der „Uranfang vor dem Urknall" große Verwirrung untern den Kosmologen stiftete. Hat damit der Vatikan die Urknalltheorie selbst verworfen? War das plötzlich alles Unsinn? Wie konnte die Welt mit einem Urknall entstehen, wenn es sie doch schon gab? Ist das etwa ein Befreiungsschlag für die Eröffnung neuer kosmologischer Forschungen? Haben jetzt die Widersacher der Urknalltheorie wieder bessere Forschungschancen? Wenig zu erwarten, daß dem Vatikan die Tragweite dieser Eröffnung nicht bewußt war. Sichtbar ist aber, daß seither die Kritiker der Weltschöpfungstheorie deutlich mehr Gehör finden und sich mit großer Brisanz artikulieren.

Die Theorie des Urknalls kommt beträchtlich ins Schlingern, wenn man eine Galaxie entdeckt, die eine "unmögliche" Richtung aufweist, also womöglich quer zu den anderen Galaxien fliegt. Die erste solcher Galaxien hat man 1980 bereits tatsächlich aufgespürt, aber es gibt noch andere, unübersehbare Hinweise auf die Haltlosigkeit der Urknall-These. So entdeckte man jenseits des Sternbilds der Jungfrau einen gewaltigen Sternhaufen, der ganze Sonnensysteme, darunter auch unsere eigene Milchstraße, mit einer Geschwindigkeit von 1,6 Millionen Kilometern pro Stunde (444 km/s) ansaugt. Der Durchmesser dieser Supergalaxie beträgt nach NASA-Angaben rund zwei Milliarden Lichtjahre! Wie NASA-

Wissenschaftler George Smoot erklärt, legt dieser Sternhaufen die Vermutung nahe, daß sich die Materie des Alls niemals explosionsartig und gleichmäßig ausgebreitet haben kann (16).

So wird es nicht ausbleiben, daß man in näherer Zukunft auf den Abbè Lemaitre und alles, was ihm folgte, eine deutlich andere Sicht entwickeln wird.

(Mehrere Zitate sind aus (31) entnommen).

Anhang 7

Die mathematische Koranstruktur

Unter der Adresse http://nur-koran.de/?p=15 findet man im Internet eine Ausarbeitung zum sogenannten 19er Code der Chemie, für die kein Autor genannt ist. In der Arbeit wird mit zweifelhaften, pseudowissenschaftlich konstruierten Zahlenspielereien versucht, die Gliederung des Korans mit dem Periodensystem der Elemente zu verknüpfen und damit eine anscheinende Wissenschaftlichkeit des Korans zu beweisen. Dabei sind die Erklärungen des Periodensystems mit vielen Fehlern behaftet. Die nachfolgende Wiedergabe der Arbeit ist unverändert übernommen, auch alle orthographischen, morphologischen und syntaktischen Fehler wurden original belassen.

Der 19er Code der Chemie
Die mathematische Koranstruktur
Februar 18th, 2008

Die 81 stabile Elemente, die in der Natur vorkommen sind mit der Schlüsselzahl 19 codiert. Wie?

Der Code 19 der Chemie

Es gibt insgesamt 81 stabile Elemente in der Natur. Die natürlich vorkommenden Elemente Thorium und Uran sind dagegen instabile Elemente. Sie zerfallen also. Aus dem Zerfallgeschehen dieser zwei Elemente werden sieben weitere, radioaktive Elemente erzeugt, die im chemischen Periodensystem die Ordnungszahlen 84, 85, 86, 87, 88, 89 und 91 besitzen. Schon während des zweites Weltkrieges war man in der Lage, aus dem Element 92 erste künstliche chemische Elemente zu schaffen. Heute dagegen tauchen in dieser wichtigsten Tabelle der Chemie ganze einhundertsechs Elemente auf. Zwei von ihnen sind allerdings Phantomelemente, da sie in Bruchteilen von Sekunden zerplatzen und ihr Dasein eine reine prozessuale Zuschreibung ist. Demnach bleiben einhundertvier faktische Elemente, die das chemische Periodensystem bilden.

Die Reihenfolge der Elemente im Periodensystem, wird durch der Anzahl der Protone im Atomkern des jeweiligen Elements. Die natürlich vorkommenden stabilen Elemente besitzen 1 bis 83 Protonen, also positiv geladene Teilchen, im Atomkern. Der Wasserstoff besitzt nur 1 Proton, das chemische Element Wismut (es ist das letzte Element der Tabelle) dagegen 83 Protonen. Die Anzahl der Protonen eines chemischen Elementes wird auch Ordnungszahl genannt. Der Grund dafür ist, daß man die Elemente nach der Anzahl ihrer Protonen ordnen kann - und so kam diese Tabelle heraus:

Element	Ordnungs-zahl	Name	Chemisches Zeichen	Anzahl der Isotope
1	1	Wasserstoff	H	2
2	2	Helium	He	2
3	3	Lithium	Li	2
4	4	Beryllium	Be	1
5	5	Bor	B	2
6	6	Kohlenstoff	C	2+1
7	7	Stickstoff	N	2
8	8	Sauerstoff	O	3
9	9	Fluor	F	1
10	10	Neon	Ne	3
11	11	Natrium	Na	1
12	12	Magnesium	Mg	3
13	13	Aluminium	Al	1
14	14	Silizium	Si	3
15	15	Phosphor	P	1
16	16	Schwefel	S	4
17	17	Chlor	Cl	2
18	18	Argon	Ar	3
19	19	Kalium	K	3
20	20	Kalzium	Ca	6
21	21	Scandium	Sc	1
22	22	Titan	Ti	5
23	23	Vanadium	V	2

24	24	Chrom	Cr	4
25	24	Mangan	Mn	1
26	26	Eisen	Fe	4
27	27	Kobalt	Co	1
28	28	Nickel	Ni	5
29	29	Kupfer	Cu	2
30	30	Zink	Zn	5
31	31	Gallium	Ga	2
32	32	Germanium	Ge	5
33	33	Arsen	As	1
34	34	Selen	Se	6
35	35	Brom	Br	2
36	36	Krypton	Kr	6
37	37	Rubidium	Rb	2
38	38	Strontium	Sr	4
39	39	Yttrium	Y	1
40	40	Zirkonium	Zr	5
41	41	Niob	Nb	1
42	42	Molybdän	Mo	7
fehlt	43	Technetium	Tc	
43	44	Ruthenium	Ru	7
44	45	Rhodium	Rh	1
45	46	Palladium	Pd	6
46	47	Silber	Ag	2
47	48	Cadmium	Cd	8
48	49	Indium	In	2
49	50	Zinn	Sn	10
50	51	Antimon	Sb	2
51	52	Tellur	Te	8
52	53	Jod	J	1
53	54	Xenon	Xe	9
54	55	Caesium	Cs	1
55	56	Barium	Ba	7
56	57	Lanthan	La	2
57	58	Cer	Ce	4

58	59	Praseodym	Pr	1
59	60	Neodym	Nd	7
fehlt	61	Promethium	Pm	
60	62	Samarium	Sm	7
61	63	Europium	Eu	2
62	64	Gadolinium	Gd	7
63	65	Terbium	Tb	1
64	66	Dysprosium	Dy	7
65	67	Holmium	Ho	1
66	68	Erbium	Er	6
67	69	Thulium	Tm	1
68	70	Ytterbium	Yb	7
69	71	Lutetium	Lu	2
70	72	Hafnium	Hf	6
71	73	Tantal	Ta	2
42	74	Wolfram	W	5
73	75	Rhenium	Re	2
74	76	Osmium	Os	7
75	77	Iridium	Ir	2
76	78	Platin	Pt	6
77	79	Gold	Au	1
78	80	Quecksilber	Hg	7
79	81	Thallium	Tl	2
80	82	Blei	Pb	4
81	83	Wismut	Bi	1

Isotope: ein Atom besitzt häufig die gleiche Anzahl von Protonen und Neutronen. Die Summe beider Zahlen nennt man das Atomgewicht. Es gibt jedoch einige chemische Elementen, bei denen die Anzahl der Neutronen variiert, obwohl die Anzahl der Protonen im Kern gleich bleibt. Diese Variation von Neutronen im Kern bei gleicher Anzahl der Protonen wird Isotope genannt. Die Isotopenanzahl ist die Anzahl der Neutronenvariationen desselben Elementes.

2 Elemente fehlen

Die Elemente mit den Ordnungszahlen 43 und 61 im Periodensystem der dreiundachtzig stabilen Elemente fehlen und zwar deshalb, weil es die Elemente mit der entsprechenden Zahl von Protonen nicht als natürliches Vorkommen gibt. Stellt man sie künstlich her, sind sie keineswegs stabil. Trotzdem tragen sie nicht nur einen Namen (Technetium und Promethium), sondern treten auch im Periodensystem im Rahmen der stabilen Elemente auf. Auch wenn man mittlerweile weiß, daß sie im gesamten Universum nicht vorkommen können.

43	44	45	46	47	48	49	50	51	52	53	54	55	56	57	58	59	60	61
1	2	3	4	5	6	7	8	9	10	11	12	13	14	15	16	17	18	19

Von dem Elemnt 43 bis zum Element 61 einschliesslich gibt es genau **19** Elemente !!!

Das zeigt hier folgendes Phänomen:

1 + 2 + 3 + 4 + ... + 83 - 43 - 61 = 3382 oder 19 x 178

Beide Korankapitel 43 und 61 haben eine gemeinsame Eigenschaft: Beide Nummern sind Primzahlen, und die Summe der Kapitelnummer, der Anzahl der nummerierten Versen und der unnummerierte Vers ist durch 19 teilbar:

Sura 43: 43 + 89 +1 = 133 oder 19 x 7
Sura 61: 61 + 14 + 1 = 76 oder 19 x 4

Die 19 Reinisotope

Von dreiundachtzig theoretisch möglichen Elementen, kommen nur einundachtzig in der Natur natürlich vor. Zwei, die man zwar herstellen kann, spart die Natur aus. Von diesen 81 natürlich vorkommenden stabilen Elementen sind 19 Elemente Reinisotope. Reinisotope sind chemische Elemente, die nur in einer Isotopen-Form, das heißt mit gleicher Anzahl von Protonen und Neutronen auftreten. Es sind die Elemente mit den Ordnungszahlen: 9, 11, 13, 15, 21, 25, 27, 33, 39, 41, 45, 53, 55, 59, 65, 67, 69, 79, 83.

Bemerkenswert ist hier, daß alle Reinisotope ungerade Ordnungszahlen besitzen.
Analog mit dem Koran sind diese Elemente verbunden. Wenn man die Ordnungszahl als Kapitelnummer betrachtet, dann sieht man das Wunder in der folgenden Tabelle:

Nummer	Chemisches Symbol	Ordnungszahl (Suranummer)	Anzahl der Verse
gerade Zahl	Be	4	176
1	F	9	127
2	Na	11	123
3	Al	13	43
4	P	15	99
5	Sc	21	112
6	Mn	25	77
7	Co	27	93
8	As	33	73
9	Y	39	75
10	Nb	41	54
11	Rh	45	37
12	J	53	62
13	Cs	55	78
14	Pr	59	24
15	Tb	65	12
16	Ho	67	30
17	Tm	69	52
18	Au	79	46
19	Bi	83	36

Die Summe der Ordnungszahlen der 19 Reinisotope (entsprechend Kapitelnummer im Koran) ist: 813
Die Summe der Verse in diesen 20 Kapiteln ist: 1429

813 + 1429 = 2242 oder 19 x 118.

Die 19 Doppelisotope

Auch alle Doppelisotope, das heißt Elemente mit zwei Massezahlen bzw. Isotopen, ungerade Ordnungszahlen besitzen. Die Anzahl der Doppelisotope ist ebenfalls 19! Genauso Wenn man die Ordnungszahlen als Kapitelnummern im Koran betrachtet, dann sieht man wieder ein Wunder:

Nummer	Chemisches Symbol	Ordnungszahl (Suranummer)	Anzahl der Verse
gerade Zahl	He	2	286
1	Li	3	200
2	B	5	120
3	N	7	206
4	Ci	17	111
5	V	23	118
6	Cu	29	69
7	Ga	31	34
8	Br	35	45
9	Rb	37	182
10	Ag	47	38
11	In	49	18
12	Sb	51	60
13	La	57	29
14	Eu	63	11
15	Lu	71	28
16	Ta	73	20
17	Re	75	40
18	Ir	77	50
19	Ti	81	29

Die Summe der Ordnungszahlen der 19 Doppelisotope (entsprechend Kapitelnummer im Koran) ist: 833

Die Summe der Verse in diesen 20 Kapiteln ist:

833 + 1694 = 2527 oder 19 x 19 x 7

Eines der ungeradzahligen Elemente, das Kalium, muß man aus der Rechnung ausschließen. Der Grund dafür ist der, daß dieses Element, das zufälligerweise das **19**. Element im Periodensystem ist, trotz seiner ungeraden Ordnungszahl oder Protonenanzahl ein Mehrfachisotop ist, also nur eines von zwei Merkmalen dieser Merkmalsklasse erfüllt. Wohingegen die anderen Elemente mit ungerader Ordnungszahl entweder Reinisotope oder Doppelisotope sind. Ganz analog zu den Zahlen im Koran ist im chemischen Periodensystem ein Gesetz gebrochen worden, um es auf einer anderen Ebene (das Kalium als 19. Element!) erneut zu dokumentieren.

Die 19×2 Mehrfachisotope

Es gibt weitere 38 oder 19×2 Elemente mit geraden Ordnungszahlen, die Mehrfachisotope mit den Isotopenzahlen 3,4,5...sind. Das Element 4 (Beryllium) kann man in diesem Fall nicht mitrechnen, da es die Reihe der insgesamt 20 Reinisotope anführt und auch das Element No. 2, Helium, fällt nicht in diese Kategorie. Da Helium trotz gerader Ordnungszahl ein Doppelisotop ist. Der Natur werden demnach tatsächlich neben den neunzehn Reinisotopen und neunzehn Doppelisotope 19×2 oder 38 Mehrfachisotope mit geraden Ordnungszahlen gegenübergestellt. Der Göttliche Bauplan ist unübertroffen vollkommen.

- 38 oder 19×2 Einfach- oder Doppelisotope mit ungeraden Ordnungszahlen
- 38 oder 19×2 Mehrfachisotope mit geraden Ordnungszahlen

Die Rein- und Doppelisotope sind wiederum durch 19 teilbar. Und zwar in:

- 19 Reinisotope mit ungerader Ordnungszahl
- 19 Doppelisotope mit ungerader Ordnungszahl

Von den faktisch 81 Elementen der Natur lassen sich bisher nur 19×4 oder 76 Elemente in dieses 19er System einordnen. Was aber war mit den restlichen fünf Elementen? Sie fielen aus den neu formulierten Kategorien heraus und waren ersteinmal nicht unterzubringen.

Es gibt jeweils zwei Merkmale, und damit zwei Fragen, die Zugehörigkeit der Elemente bestimmen:

- Erstens, ob die Ordnungszahl des chemischen Elementes zu den geraden oder ungeraden Zahlen gehört?
- Und zweitens, ob das in Frage kommende Element zu den Rein-, den Doppelisotopen oder zu den Mehrfachisotopen gehört?

Im Fall der Mehrfachisotope war die Sachlage klar, da Helium und Beryllium trotz ihrer Zugehörigkeit zu den Elementen mit gerader Ordnungszahl zu den Rein- und Doppelisotopen gehören, hat man sie aus der Tabelle der übrigen Elemente mit gerader Ordnungszahl, die alle Mehrfachistiope sind, ausschließen müssen. Ebenso hat man Kalium aus der Tabelle der ungeradzahligen Doppelisitope ausschlie?en müssen, da es ein Mehrfachisotop ist. Was aber war mit den jetzt immer noch übrig gebliebenen zwei Elementen Lithium und Kohlenstoff? Sollten diese Elemente ebenfalls nur einer von zwei Merkmalsanforderungen genügen? Als Doppelisotop müßte Lithium eigentlich eine ungerade Ordnungszahl besitzen - tut es aber nicht. Dasselbe gilt für Kohlenstoff. Als Doppelisotop müßte der Kohlenstoff eine ungerade Ordnungszahl besitzen; doch ist diese gerade. Aus den genannten Gründen bilden die Elemente Kalium, Beryllium, Helium, Kohlenstoff und Lithium innerhalb des Systems der chemische Elemente eigene Kategorien.

Es gibt unter den 38 Isotopen mit gerader Ordnungszahl:

- 19 durch 4 teilbare Ordnungszahlen
- 19 durch 2 teilbare Ordnungszahlen

Und bei den 38 Elementen mit ungeraden Ordnungszahlen gibt es:

- 19 überhaupt teilbare Ordnungszahlen
- 19 unteilbare oder primzahlige Ordnungszahlen

Also insgesamt gibt es vier Teilungskategorien. Die folgende Tabelle darstellt eine kernchemische Ordnung im Gegensatz zur chemischen Periodenordnung:

19			
4	2	6	3
8 = 4×2	10 = 2×5	9 = 3×3	1
12 = 4×3	14 = 2×7	15 = 3×5	5
16 = 4×4	18 = 2×9	21 = 3×7	7
20 = 4×5	22 = 2×11	25 = 5×5	11
24 = 4×6	26 = 2×13	27 = 3×9	13
28 = 4×7	30 = 2×15	33 = 3×11	17
32 = 4×8	34 = 2×17	35 = 5×7	23
36 = 4×9	38 = 2×19	39 = 3×13	29
40 = 4×10	42 = 2×21	45 = 5×9	31
44 = 4×11	46 = 2×23	49 = 7×7	37
48 = 4×12	50 = 2×25	51 = 3×17	41
52 = 4×13	54 = 2×27	55 = 5×11	47
56 = 4×14	58 = 2×29	57 = 3×19	53
60 = 4×15	62 = 2×31	63 = 3×21	59
64 = 4×16	66 = 2×33	65 = 5×13	67
68 = 4×17	70 = 2×35	69 = 3×23	71
72 = 4×18	74 = 2×37	75 = 5×25	73
76 = 4×19	78 = 2×39	77 = 7×11	79
80 = 4×20	82 = 2×41	81 = 9×9	83

Die Tabelle dokumentiert eine erstaunliche Ordnung. Sie teilt die Baustoffe der Natur in 19×4 chemische Elemente, denen vier Elemente (Beryllium, Helium, Kohlenstoff und Lithium) wie eine Metaordnung übergeordnet sind. Uber ihnen allen thront die Schlüsselzahl dieses ganzen Systems, die Zahl 19, die das Kalium repräsentiert. Das ganze System ist auf einer einzigen Zahl aufgebaut, der Zahl 19, und Kalium, das neunzehnte Element, ist die Spitze und der Anfang der Tabelle.

Die Codierung des Codes

Noch etwas außerordentlich Interessantes zeigt sich an dieser Stelle. Die Reinisotope bestehen aus 8 Elementen mit Ordnungszahlen, die Primzahlen sind, und 11 Elementen mit teilbaren ungeraden Ordnungszahlen. Genauso gut läßt sich sagen: die 19 primzahligen Ordnungszahlen haben ein Verhältnis von 11 Doppelisotopen zu 8 Reinisotopen. Dasselbe 8-zu-11-Verhältnis ist auch bei den durch 4 teilbaren Ordnungszahlen sichtbar. Hier findet sich ein Verhältnis von 11 Elementen mit ungeraden Isotopenzahlen zu 8 Elementen mit geraden Isotopenzahlen, wie die Tabelle zeigt:

	Rein-isotope	Doppel-isotope	Mehrfach-isotope	Mehrfach-isotope	
			Ordnungszahlen durch 4 teilbar	Ordnungszahlen durch 2 teilbar	
	9	1	8 (3)	10 (3)	
	15	5	12 (3)	14 (3)	
	21	7	28 (5)	18 (3)	
	25	17	32 (5)	22 (5)	
	27	23	40 (5)	30 (5)	
	33	29	44 (7)	74 (5)	11
	39	31	56 (7)	42 (7)	
	45	37	60 (7)	62 (7)	
	55	47	64 (7)	66 (7)	
19	65	71	76 (7)	70 (7)	
	69	73	80 (7)	54 (9)	
	11	35	16 (4)	26 (4)	
	13	49	24 (4)	38 (4)	
	41	51	20 (6)	58 (4)	
	53	57	36 (6)	82 (4)	
	59	63	68 (6)	34 (6)	8
	67	75	72 (6)	46 (6)	
	79	77	48 (8)	78 (6)	
	83	81	52 (8)	50 (10)	

Der 19er-Code muß selbst in sich kodiert sein, und zwar durch die Zahlen 11 und 8. Dieser Codierung des Codes sind wir ausführlich im Pascalschen Dreieck und der Chaostheorie begegnet und wir können jetzt erkennen, daß diese absoluten Zahlen nicht nur im Koran eine Schlüsselrolle im Codierungssystem des Universums einnehmen.

Die biochemischen Bausteine des Lebens, also die Aminosäuren sind durch die Zahl 19 codiert sind; Auch die Struktur der 81 stabilen, natürlich vorkommenden chemischen Elemente, also die Bausteine der Natur, in vielfacher Weise demselben Code unterliegen. Eine einsame Zahl, die einzigartige Zahl 19, erweist sich als die Königszahl der Chemie. Es bleibt die Frage übrig, warum alle Elemente mit ungeraden Ordnungszahlen entweder ein oder zwei Isotope besitzen? Nur das neunzehnte Element, Kalium, nicht? Denn mit seinen drei Isotopen müßte das Kalium eigentlich ein Element mit gerader Ordnungszahl sein. Vielleicht hatte auch das etwas mit der Zahl 19 zu tun? Denn diese Zahl ist eine ungerade Primzahl, und das Element 19, also Kalium, verhält sich wie ein geradzahliges Element. Ein Element, das ungerade ist; das sich jedoch wie ein gerade verhält.

Welche Bedeutung besitzen die Metazahlen 4, 2, 6, und 3 über den vier 19er-Kolonnen der Ordnungstabelle der chemischen Elemente. War die konkrete Folge dieser Zahlen, so wie man sie nebeneinander in dieser Tabelle notiert hat, ein Zufall oder mehr?

Wie sich bald herausstellen sollte, war die Zahlenfolge 4 2 6 3 weitaus mehr als ein Zufall. Die Anzahl der gesamten stabilen Elemente (81) und die offensichtliche Codierung dieser 81 Elemente sehr eng mit einer Zahl zusammenhängen könnte, um die sich scheinbar alles drehte:

81 / 19 = 4,263

Das Ergebnis besteht aus der Ziffernfolge 4 2 6 3. Hier ist bemerkenswert, daß die Anzahl der Verse der ersten 19 Kapitel des Korans: 2346 ist. Aus den selben 4 Ziffern besteht auch die Anzahl der gesamt Versen im Koran; nämlich 6234. 2346 und 6234 sind zwei verschiedene Permutationen der selben Ziffern, und :

2346
2364
2436
...
6234 ist die 19. Permutation von den Zahlen 2346.

Der Grund dafür, daß die 81 stabilen Elemente der Chemie in 19×4 und 5 gesonderte Elemente eingeteilt werden müssen. Nichts anderes denn der universale 19er-Code, den die Natur in ein Verhältnis zur Anzahl der bereitgestellten chemisch-stabilen Grundbausteine gesetzt hat, ist daran schuld. Wobei auch diese Anzahl ganz simpel aus einem mathematischen Verhältnis zur Zahl 19 entsteht. Die Zahl 81 ist das Komplement der Zahl 19, da 19 sich durch 81 auf 100 ergänzt! 100-19 = 81. Die Natur, was ihre chemischen Grundelemente betrifft, ist mathematisch aufgebaut.

Ein Problem war freilich nicht geklärt: Warum es von einzelnen Elementen mit festgelegter Protonenanzahl im Kern mehrere Sorten mit verschiedenen Neutronenanzahlen gibt? Das Isotopen-Problem. Hier fällt auf, daß die Anzahl der Variationen der Neutronen im Kern bei den untersuchten 81 stabilen chemischen Elementen von 1 bis 10 Neutronen reicht, die den Kern desselben chemischen Elementes variieren können. Die insgesamt 57 chemischen Elemente, die mehr als nur ein einziges Isotop, beziehungsweise eine Elementvariation besitzen und zu den jeweils 419 Elementen gehören, weisen insgesamt 243 Isotope oder Variationen auf. Anders ausgedrückt: alle natürlich vorkommenden stabilen chemische Elemente, die zu den 419 Elementen mit jeweils übereinstimmenden Merkmalen gehören, besitzen zusammen 243 Elementvariationen. Das Verhältnis:

243 / 57 = 4,263!!

Das Verhältnis der 243 Elementvariationen zu den 57 Elementen, bei denen Doppel- oder Mehrfachvariationen vorkommen, ist in der Tat als Zahlenfolge mit den vier Metaelemente der Tabelle identisch.

Ein verblüffendes Ergebnis! Wieder dieselbe Zahl, die auch das Verhältnis der 81 Elemente zu ihrer Ordnungszahl 19 bestimmt. Ein zweites Mal hat die Natur in Bezug auf die stabilen Elemente den Beweis angetreten, daß sie sich mathematisch orientiert und selber Rechenoperationen durchführt. Die Elemente 4,2,6 und 3 waren in seinem Ordnungssystem demnach keineswegs zufällig aus den übrigen vier Merkmalsklassen ausgeschieden worden. Sie sind von der Natur errechnet worden und müssen die Zahlen und damit Elemente sein, die sie sind.

Noch verblüffender wird allerdings diese Rechnung für den, der sich vor Augen hält, daß es 19×3 Elemente sind, die die Natur durch 81×3 = 243 Isotope (oder zusätzliche Neutronenvariationen) erweitert. Was nichts anderes heißt, als daß die entsprechenden Elemente aus ihner natürlich Anzahl die ihnen zugehörigen Isotopen errechnen.

Auch mathematisch-naturwissenschaftliche Laien werden sich die überschäumende Begeisterung eines an sich nüchternen Zahlenfreundes vorstellen können, als er die Rechenkünste der Natur entdeckt. Wer hätte sich vor wenigen Jahrzehnten auch nur vorstellen können, da? die Natur einem riesigen und allverbundenen Computer gleicht, der sich anscheinend selbst programmiert? Der überdies die von ihm erstellten erstaunlichen Rechenprogramme mit seinen sonstigen Ergebnissen akkurat abgestimmt hat?

Gepriesen sei Gott, der Herr der Welten

An der Internetadresse http://nur-koran.de/ findet man ergänzend dazu:

Die mathematische Koranstruktur:

Hier kann man die verschiedenen Bauelemente der Struktur näher studieren.
Der Koran ist kein normales literarisches Werk. Dieses Buch ist auch mathematisch strukturiert. Diese Struktur umfasst alle Elemente des Korans.
Damit man diese Struktur versteht, muss man vorher wissen, wie der Koran aufgebaut ist.
Der Koran enthält 114 Kapitel die verschieden lang sind. Jedes Kapitel enthält eine bestimmte Anzahl von Versen. Die 114 Kapitel sind

nicht gleich lang. Das kürzeste Kapitel enthält nur 3 Verse, und das längste enthält 286 Verse.

Jedes Kapitel beginnt mit dem gleichen eröffnenden Ausdruck "Im Namen Gottes, des Gnädigen, des Barmherzigen".
Dieser Ausdruck ist im Normalfall nicht nummeriert.
Einige Ausnahmen treten auf:

- Im 1. Kapitel erhält dieser Ausdruck die Versnummer "1".
- Im 9. Kapitel fehlt dieser Ausdruck.
- Im 27. Kapitel kommt dieser Ausdruck 2 mal vor. Das zweite Vorkommnis ist im 30. Vers als Teil des Briefes Salomos an die Königin in Sabaa.

Einige Wörter kommen in einer bestimmten Anzahl vor sodass man erkennen kann was gemeint ist, wenn man von einem mathematisch-literarischen Werk spricht; z.B.:

- Monat (Schahr) kommt 12 mal vor.
- Tag (jaum) kommt 365 mal vor.
- Tage (jauman, ajjam) kommt 30 mal vor.
- "Engel" und "Satan" kommen je 88 mal vor.
- "Dieses Leben" (Dunja) und "Nächstes Leben" (Achira) kommen je 115 mal vor.
- "Glaube" (Iman) und "Unglaube" (Kufr) kommen je 25 mal vor.
- "Gerechtigkeit" (Qest) und Ungerechtigkeit kommen je 15 mal vor.
- "Sonne" (Schams) und "Licht" (Nur) kommen je 33 mal vor.
- Der göttliche Befehl "Sag" (Qol) und die anderen Wesen Menschen, Engel, Dämonen "Sie haben gesagt" (Qalu) kommen je 332 vor.

Diese Parallelität zeigt uns, dass der Originaltext unverfälscht geblieben ist.
Als Elemente des Korans bezeichnen wir: Die Kapitel, die Verse, die Wörter, die Buchstaben, usw…

Die mathematische Struktur aufgebaut auf die Primzahl 19, ist das Hauptthema des 74. Kapitel.
Diese mathematische Struktur wurde in Januar/1974 entdeckt.

Seit der 1. Offenbarung bis zur Entdeckung sind 1406 (19×74) Mondjahre vergangen. Diese 1. Offenbarung begann im 13. Jahr vor Hidschra, und die Entdeckung fand in 1393 nach der Hidschra statt. Bekannt ist, dass diese Zeitrechnung mit den Mondjahren ausgeführt ist.

Der Entdecker dieser Struktur heißt Raschad. Die Wurzel dieses Wortes R-SCH-D wird im Koran genau 19 mal verwendet.

Anhang 8

Die Anordnung der Suren im Koran

Sure Nr.	Anzahl Verse	Sure Nr.	Anzahl Verse	Sure Nr.	Anzahl Verse	Sure Nr.	Anzahl Verse
1	7	30	60	59	24	88	26
2	286	31	34	60	13	89	30
3	200	32	30	61	14	90	20
4	176	33	73	62	11	91	15
5	120	34	54	63	11	92	21
6	165	35	45	64	18	93	11
7	206	36	83	65	12	94	8
8	75	37	182	66	12	95	8
9	129	38	88	67	30	96	19
10	109	39	75	68	52	97	5
11	123	40	85	69	52	98	8
12	111	41	54	70	44	99	8
13	43	42	53	71	28	100	11
14	52	43	89	72	28	101	11
15	99	44	59	73	20	102	8
16	128	45	37	74	56	103	3
17	111	46	35	75	40	104	9
18	110	47	38	76	31	105	5
19	98	48	29	77	50	106	4
20	135	49	18	78	40	107	7
21	112	50	45	79	46	108	3
22	78	51	60	80	42	109	6
23	118	52	49	81	29	110	3
24	64	53	62	82	19	111	5
25	77	54	55	83	36	112	4
26	227	55	78	84	25	113	5
27	93	56	96	85	22	114	6
28	88	57	29	86	17		
29	69	58	22	87	19		

Anhang 9

<u>Koran, Sure 74.:</u>

74. Der Verhüllte (Al-Muddassir)

Offenbart vor der Hidschra. Dieses Kapitel enthält 56 Verse.
Im Namen Allahs, des Gnädigen, des Barmherzigen.

1. O du in den Mantel Gehüllter!
2. Erhebe dich und warne.
3. Deinen Herrn verherrliche.
4. Dein Herz läutere.
5. Meide den Götzendienst.
6. Und erweise nicht Huld, indem du Mehrung suchst.
7. Und dulde standhaft um deines Herrn willen;
8. Denn, wenn in die Posaune gestoßen wird,
9. Der Tag wird ein schwerer Tag sein,
10. Für die Ungläubigen alles eher als leicht.
11. Laß Mich allein mit dem, den Ich geschaffen,
12. Und dem Ich Besitz in Fülle verlieh,
13. Und Söhne, die immer da waren,
14. Und für den Ich alle Bequemlichkeit bereitete.
15. Dennoch wünscht er, daß Ich noch mehr gebe.
16. Mit nichten! denn er ist feindselig gewesen gegen Unsere Zeichen.
17. Aufbürden will Ich ihm bald schreckliche Mühsal.
18. Siehe, er sann und er wog!
19. Verderben über ihn! Wie wog er!
20. Verderben über ihn abermals! Wie wog er!
21. Dann schaute er,
22. Dann runzelte er die Stirn und blickte verdrießlich,
23. Dann wandte er sich ab und war hoffärtig
24. Und sprach: «Das ist nichts als Zauberei, die weitergetragen wird;
25. Das ist nur Menschenwort.»
26. Bald werde Ich ihn ins Feuer der Hölle werfen.
27. Und wie kannst du wissen, was Höllenfeuer ist?
28. Es verschont nichts und läßt nichts übrig;
29. Es versengt das Gesicht.
30. Über ihm sind neunzehn,
31. Und Wir haben einzig und allein Engel zu Hütern des Feuers gemacht.
Und Wir setzten ihre Anzahl nicht fest, außer zur Prüfung derer, die ungläu-

big sind, auf daß die, denen das Buch gegeben ward, Gewißheit erreichen, und die, die gläubig sind, an Glauben zunehmen, und die, denen die Schrift gegeben ward, und die Gläubigen nicht zweifeln, und die, in deren Herzen Krankheit ist, und die Ungläubigen sprechen: «Was meint Allah mit diesem Gleichnis?» Also erklärt Allah zum Irrenden, wen Er will, und führt richtig, wen Er will. Keiner kennt die Heerscharen deines Herrn als Er allein. Dies ist nur eine Ermahnung für den Menschen.
32. Nein, bei dem Mond,
33. Und bei der Nacht, wenn sie sich entfernt,
34. Und bei der Morgendämmerung, wenn sie scheint,
35. Wahrlich, es ist eine der größten (Heimsuchungen) -
36. Eine Warnung für den Menschen,
37. Für den unter euch, der vorwärts schreiten oder zurückbleiben will.
38. Jede Seele ist ein Pfand für das, was sie verdient hat;
39. Ausgenommen die zur Rechten,
40. In Gärten einander befragend
41. Nach den Sündern:
42. «Was hat euch in das Feuer der Hölle gebracht?»
43. Sie werden sprechen: «Wir waren nicht unter denen, die beteten,
44. Noch speisten wir die Armen.
45. Und wir ergingen uns in eitlem Geschwätz mit den Schwätzern.
46. Und wir pflegten den Tag des Gerichtes zu leugnen,
47. Bis der Tod uns ereilte.»
48. Drum wird ihnen die Fürsprache der Fürsprecher nicht nützen.
49. Was ist ihnen denn, daß sie sich von der Ermahnung abwenden,
50. Als wären sie erschreckte Esel,
51. Die vor einem Löwen flüchten?
52. Nein, jedermann von ihnen wünscht, es möchten ihm offene Tafeln der Offenbarung gegeben werden.
53. Keineswegs! wahrlich, sie fürchten nicht das Jenseits.
54. Keineswegs! wahrlich, dies ist eine Ermahnung.
55. So möge, wer da will, ihrer gedenken.
56. Und sie werden sich nicht ermahnen lassen, bis Allah so will. Er ist wert der Ehrfurcht und der Eigner der Vergebung.

Anhang 10

Martin Luther: Die 95 Thesen

1. Aus Liebe zur Wahrheit und in dem Bestreben, diese zu ergründen, soll in Wittenberg unter dem Vorsitz des ehrwürdigen Vaters Martin Luther, Magisters der freien Künste und der heiligen Theologie sowie deren ordentlicher Professor daselbst, über die folgenden Sätze disputiert werden. Deshalb bittet er die, die nicht anwesend sein und mündlich mit uns debattieren können, dieses in Abwesenheit schriftlich zu tun. Im Namen unseres Herrn Jesu Christi, Amen.
2. Da unser Herr und Meister Jesus Christus spricht: "Tut Buße" usw. (Matth. 4,17), hat er gewollt, daß das ganze Leben der Gläubigen Buße sein soll.
3. Dieses Wort kann nicht von der Buße als Sakrament - d. h. von der Beichte und Genugtuung -, die durch das priesterliche Amt verwaltet wird, verstanden werden.
4. Es bezieht sich nicht nur auf eine innere Buße, ja eine solche wäre gar keine, wenn sie nicht nach außen mancherlei Werke zur Abtötung des Fleisches bewirkte.
5. Daher bleibt die Strafe, solange der Haß gegen sich selbst - das ist die wahre Herzensbuße - bestehen bleibt, also bis zum Eingang ins Himmelreich.
6. Der Papst will und kann keine Strafen erlassen, außer solchen, die er auf Grund seiner eigenen Entscheidung oder der kirchlichen Satzungen auferlegt hat.
7. Der Papst kann eine Schuld nur dadurch erlassen, daß er sie als von Gott erlassen erklärt und bezeugt, natürlich kann er sie in den ihm vorbehaltenen Fällen erlassen; wollte man das geringachten, bliebe die Schuld ganz und gar bestehen.
8. Gott erläßt überhaupt keinem die Schuld, ohne ihn zugleich demütig in allem dem Priester, seinem Stellvertreter, zu unterwerfen.
9. Die kirchlichen Bestimmungen über die Buße sind nur für die Lebenden verbindlich, den Sterbenden darf demgemäß nichts auferlegt werden.
10. Daher handelt der Heilige Geist, der durch den Papst wirkt, uns gegenüber gut, wenn er in seinen Erlassen immer den Fall des Todes und der höchsten Not ausnimmt.

11. Unwissend und schlecht handeln diejenigen Priester, die den Sterbenden kirchliche Bußen für das Fegefeuer aufsparen.
12. Die Meinung, daß eine kirchliche Bußstrafe in eine Fegefeuerstrafe umgewandelt werden könne, ist ein Unkraut, das offenbar gesät worden ist, während die Bischöfe schliefen.
13. Früher wurden die kirchlichen Bußstrafen nicht nach, sondern vor der Absolution auferlegt, gleichsam als Prüfstein für die Aufrichtigkeit der Reue.
14. Die Sterbenden werden durch den Tod von allem gelöst, und für die kirchlichen Satzungen sind sie schon tot, weil sie von Rechts wegen davon befreit sind.
15. Ist die Haltung eines Sterbenden und die Liebe (Gott gegenüber) unvollkommen, so bringt ihm das notwendig große Furcht, und diese ist um so größer, je geringer jene ist.
16. Diese Furcht und dieser Schrecken genügen für sich allein - um von anderem zu schweigen -, die Pein des Fegefeuers auszumachen; denn sie kommen dem Grauen der Verzweiflung ganz nahe.
17. Es scheinen sich demnach Hölle, Fegefeuer und Himmel in der gleichen Weise zu unterscheiden wie Verzweiflung, annähernde Verzweiflung und Sicherheit.
18. Offenbar haben die Seelen im Fegefeuer die Mehrung der Liebe genauso nötig wie eine Minderung des Grauens.
19. Offenbar ist es auch weder durch Vernunft- noch Schriftgründe erwiesen, daß sie sich außerhalb des Zustandes befinden, in dem sie Verdienste erwerben können oder in dem die Liebe zunehmen kann.
20. Offenbar ist auch dieses nicht erwiesen, daß sie - wenigstens nicht alle - ihrer Seligkeit sicher und gewiß sind, wenngleich wir ihrer völlig sicher sind.
21. Daher meint der Papst mit dem vollkommenen Erlaß aller Strafen nicht einfach den Erlaß sämtlicher Strafen, sondern nur derjenigen, die er selbst auferlegt hat.
22. Deshalb irren jene Ablaßprediger, die sagen, daß durch die Ablässe des Papstes der Mensch von jeder Strafe frei und los werde.
23. Vielmehr erläßt er den Seelen im Fegefeuer keine einzige Strafe, die sie nach den kirchlichen Satzungen in diesem Leben hätten abbüßen müssen.

24. Wenn überhaupt irgendwem irgendein Erlaß aller Strafen gewährt werden kann, dann gewiß allein den Vollkommensten, das heißt aber, ganz wenigen.
25. Deswegen wird zwangsläufig ein Großteil des Volkes durch jenes in Bausch und Bogen und großsprecherisch gegebene Versprechen des Straferlasses getäuscht.
26. Die gleiche Macht, die der Papst bezüglich des Fegefeuers im allgemeinen hat, besitzt jeder Bischof und jeder Seelsorger in seinem Bistum bzw. seinem Pfarrbezirk im besonderen.
27. Der Papst handelt sehr richtig, den Seelen (im Fegefeuer) die Vergebung nicht auf Grund seiner - ihm dafür nicht zur Verfügung stehenden - Schlüsselgewalt, sondern auf dem Wege der Fürbitte zuzuwenden.
28. Menschenlehre verkündigen die, die sagen, daß die Seele (aus dem Fegefeuer) emporfliege, sobald das Geld im Kasten klingt.
29. Gewiß, sobald das Geld im Kasten klingt, können Gewinn und Habgier wachsen, aber die Fürbitte der Kirche steht allein auf dem Willen Gottes.
30. Wer weiß denn, ob alle Seelen im Fegefeuer losgekauft werden wollen, wie es beispielsweise beim heiligen Severin und Paschalis nicht der Fall gewesen sein soll.
31. Keiner ist der Echtheit seiner Reue gewiß, viel weniger, ob er völligen Erlaß (der Sündenstrafe) erlangt hat.
32. So selten einer in rechter Weise Buße tut, so selten kauft einer in der rechten Weise Ablaß, nämlich außerordentlich selten.
33. Wer glaubt, durch einen Ablaßbrief seines Heils gewiß sein zu können, wird auf ewig mit seinen Lehrmeistern verdammt werden.
34. Nicht genug kann man sich vor denen hüten, die den Ablaß des Papstes jene unschätzbare Gabe Gottes nennen, durch die der Mensch mit Gott versöhnt werde.
35. Jene Ablaßgnaden beziehen sich nämlich nur auf die von Menschen festgesetzten Strafen der sakramentalen Genugtuung.
36. Nicht christlich predigen die, die lehren, daß für die, die Seelen (aus dem Fegefeuer) loskaufen oder Beichtbriefe erwerben, Reue nicht nötig sei.
37. Jeder Christ, der wirklich bereut, hat Anspruch auf völligen Erlaß von Strafe und Schuld, auch ohne Ablaßbrief.

38. Jeder wahre Christ, sei er lebendig oder tot, hat Anteil an allen Gütern Christi und der Kirche, von Gott ihm auch ohne Ablaßbrief gegeben.
39. Doch dürfen der Erlaß und der Anteil (an den genannten Gütern), die der Papst vermittelt, keineswegs geringgeachtet werden, weil sie - wie ich schon sagte - die Erklärung der göttlichen Vergebung darstellen.
40. Auch den gelehrtesten Theologen dürfte es sehr schwerfallen, vor dem Volk zugleich die Fülle der Ablässe und die Aufrichtigkeit der Reue zu rühmen.
41. Aufrichtige Reue begehrt und liebt die Strafe. Die Fülle der Ablässe aber macht gleichgültig und lehrt sie hassen, wenigstens legt sie das nahe.
42. Nur mit Vorsicht darf der apostolische Ablaß gepredigt werden, damit das Volk nicht fälschlicherweise meint, er sei anderen guten Werken der Liebe vorzuziehen.
43. Man soll die Christen lehren: Die Meinung des Papstes ist es nicht, daß der Erwerb von Ablaß in irgendeiner Weise mit Werken der Barmherzigkeit zu vergleichen sei.
44. Man soll den Christen lehren: Dem Armen zu geben oder dem Bedürftigen zu leihen ist besser, als Ablaß zu kaufen.
45. Denn durch ein Werk der Liebe wächst die Liebe und wird der Mensch besser, aber durch Ablaß wird er nicht besser, sondern nur teilweise von der Strafe befreit.
46. Man soll die Christen lehren: Wer einen Bedürftigen sieht, ihn übergeht und statt dessen für den Ablaß gibt, kauft nicht den Ablaß des Papstes, sondern handelt sich den Zorn Gottes ein.
47. Man soll die Christen lehren: Die, die nicht im Überfluß leben, sollen das Lebensnotwendige für ihr Hauswesen behalten und keinesfalls für den Ablaß verschwenden.
48. Man soll die Christen lehren: Der Kauf von Ablaß ist eine freiwillige Angelegenheit, nicht geboten.
49. Man soll die Christen lehren: Der Papst hat bei der Erteilung von Ablaß ein für ihn dargebrachtes Gebet nötiger und wünscht es deshalb auch mehr als zur Verfügung gestelltes Geld.
50. Man soll die Christen lehren: Der Ablaß des Papstes ist nützlich, wenn man nicht sein Vertrauen darauf setzt, aber sehr schädlich, falls man darüber die Furcht Gottes fahrenläßt.
51. Man soll die Christen lehren: Wenn der Papst die Erpressungsmethoden der Ablaßprediger wüßte, sähe er lieber die Peters-

kirche in Asche sinken, als daß sie mit Haut, Fleisch und Knochen seiner Schafe erbaut würde.

52. Man soll die Christen lehren: Der Papst wäre, wie es seine Pflicht ist, bereit - wenn nötig -, die Peterskirche zu verkaufen, um von seinem Gelde einem großen Teil jener zu geben, denen gewisse Ablaßprediger das Geld aus der Tasche holen.
53. Auf Grund eines Ablaßbriefes das Heil zu erwarten ist eitel, auch wenn der (Ablaß-)Kommissar, ja der Papst selbst ihre Seelen dafür verpfändeten.
54. Die anordnen, daß um der Ablaßpredigt willen das Wort Gottes in den umliegenden Kirchen völlig zum Schweigen komme, sind Feinde Christi und des Papstes.
55. Dem Wort Gottes geschieht Unrecht, wenn in ein und derselben Predigt auf den Ablaß die gleiche oder längere Zeit verwendet wird als für jenes.
56. Die Meinung des Papstes ist unbedingt die: Wenn der Ablaß - als das Geringste - mit einer Glocke, einer Prozession und einem Gottesdienst gefeiert wird, sollte das Evangelium - als das Höchste - mit hundert Glocken, hundert Prozessionen und hundert Gottesdiensten gepredigt werden.
57. Der Schatz der Kirche, aus dem der Papst den Ablaß austeilt, ist bei dem Volke Christi weder genügend genannt noch bekannt.
58. Offenbar besteht er nicht in zeitlichen Gütern, denn die würden viele von den Predigern nicht so leicht mit vollen Händen austeilen, sondern bloß sammeln.
59. Er besteht aber auch nicht aus den Verdiensten Christi und der Heiligen, weil diese dauernd ohne den Papst Gnade für den inwendigen Menschen sowie Kreuz, Tod und Hölle für den äußeren bewirken.
60. Der heilige Laurentius hat gesagt, daß der Schatz der Kirche ihre Armen seien, aber die Verwendung dieses Begriffes entsprach der Auffassung seiner Zeit.
61. Wohlbegründet sagen wird, daß die Schlüssel der Kirche - die ihr durch das Verdienst Christi geschenkt sind - jenen Schatz darstellen.
62. Selbstverständlich genügt die Gewalt des Papstes allein zum Erlaß von Strafen und zur Vergebung in besondern, ihm vorbehaltenen Fällen.

63. Der wahre Schatz der Kirche ist das allerheiligste Evangelium von der Herrlichkeit und Gnade Gottes.
64. Dieser ist zu Recht allgemein verhaßt, weil er aus Ersten Letzte macht.
65. Der Schatz des Ablasses jedoch ist zu Recht außerordentlich beliebt, weil er aus Letzten Erste macht.
66. Also ist der Schatz des Evangeliums das Netz, mit dem man einst die Besitzer von Reichtum fing.
67. Der Schatz des Ablasses ist das Netz, mit dem man jetzt den Reichtum von Besitzenden fängt.
68. Der Ablaß, den die Ablaßprediger lautstark als außerordentliche Gnaden anpreisen, kann tatsächlich dafür gelten, was das gute Geschäft anbelangt.
69. Doch sind sie, verglichen mit der Gnade Gottes und der Verehrung des Kreuzes, in der Tat ganz geringfügig.
70. Die Bischöfe und Pfarrer sind gehalten, die Kommissare des apostolischen Ablasses mit aller Ehrerbietung zuzulassen.
71. Aber noch mehr sind sie gehalten, Augen und Ohren anzustrengen, daß jene nicht anstelle des päpstlichen Auftrags ihre eigenen Phantastereien predigen.
72. Wer gegen die Wahrheit des apostolischen Ablasses spricht, der sei verworfen und verflucht.
73. Aber wer gegen die Zügellosigkeit und Frechheit der Worte der Ablaßprediger auftritt, der sei gesegnet.
74. Wie der Papst zu Recht seinen Bannstrahl gegen diejenigen schleudert, die hinsichtlich des Ablaßgeschäftes auf mannigfache Weise Betrug ersinnen,
75. So will er viel mehr den Bannstrahl gegen diejenigen schleudern, die unter dem Vorwand des Ablasses auf Betrug hinsichtlich der heiligen Liebe und Wahrheit sinnen.
76. Es ist irrsinnig zu meinen, daß der päpstliche Ablaß mächtig genug sei, einen Menschen loszusprechen, auch wenn er - was ja unmöglich ist - der Gottesgebärerin Gewalt angetan hätte.
77. Wir behaupten dagegen, daß der päpstliche Ablaß auch nicht die geringste läßliche Sünde wegnehmen kann, was deren Schuld betrifft.
78. Wenn es heißt, auch der heilige Petrus könnte, wenn er jetzt Papst wäre, keine größeren Gnaden austeilen, so ist das eine Lästerung des heiligen Petrus und des Papstes.

79. Wir behaupten dagegen, daß dieser wie jeder beliebige Papst größere hat, nämlich das Evangelium, "Geisteskräfte und Gaben, gesund zu machen" usw., wie es 1. Kor. 12 heißt.
80. Es ist Gotteslästerung zu sagen, daß das (in den Kirchen) an hervorragender Stelle errichtete (Ablaß-) Kreuz, das mit dem päpstlichen Wappen versehen ist, dem Kreuz Christi gleichkäme.
81. Bischöfe, Pfarrer und Theologen, die dulden, daß man dem Volk solche Predigt bietet, werden dafür Rechenschaft ablegen müssen.
82. Diese freche Ablaßpredigt macht es auch gelehrten Männern nicht leicht, das Ansehen des Papstes vor böswilliger Kritik oder sogar vor spitzfindigen Fragen der Laien zu schützen.
83. Zum Beispiel: Warum räumt der Papst nicht das Fegefeuer aus um der heiligsten Liebe und höchsten Not der Seelen willen - als aus einem wirklich triftigen Grund -, da er doch unzählige Seelen loskauft um des unheilvollen Geldes zum Bau einer Kirche willen - als aus einem sehr fadenscheinigen Grund -?
84. Oder: Warum bleiben die Totenmessen sowie Jahrfeiern für die Verstorbenen bestehen, und warum gibt er (der Papst) nicht die Stiftungen, die dafür gemacht worden sind, zurück oder gestattet ihre Rückgabe, wenn es schon ein Unrecht ist, für die Losgekauften zu beten?
85. Oder: Was ist das für eine neue Frömmigkeit vor Gott und dem Papst, daß sie einem Gottlosen und Feinde erlauben, für sein Geld eine fromme und von Gott geliebte Seele loszukaufen; doch um der eigenen Not dieser frommen und geliebten Seele willen erlösen sie diese nicht aus freigeschenkter Liebe?
86. Oder: Warum werden die kirchlichen Bußsatzungen, die "tatsächlich und durch Nichtgebrauch" an sich längst abgeschafft und tot sind, doch noch immer durch die Gewährung von Ablaß mit Geld abgelöst, als wären sie höchst lebendig?
87. Oder: Warum baut der Papst, der heute reicher ist als der reichste Crassus, nicht wenigstens die eine Kirche St. Peter lieber von seinem eigenen Geld als dem der armen Gläubigen?
88. Oder: Was erläßt der Papst oder woran gibt er denen Anteil, die durch vollkommene Reue ein Anrecht haben auf völligen Erlaß und völlige Teilhabe?
89. Oder: Was könnte der Kirche Besseres geschehen, als wenn der Papst, wie er es (jetzt) einmal tut, hundertmal am Tage je-

dem Gläubigen diesen Erlaß und diese Teilhabe zukommen ließe?

90. Wieso sucht der Papst durch den Ablaß das Heil der Seelen mehr als das Geld; warum hebt er früher gewährte Briefe und Ablässe jetzt auf, die doch ebenso wirksam sind?
91. Diese äußerst peinlichen Einwände der Laien nur mit Gewalt zu unterdrücken und nicht durch vernünftige Gegenargumente zu beseitigen heißt, die Kirche und den Papst dem Gelächter der Feinde auszusetzen und die Christenheit unglücklich zu machen.
92. Wenn daher der Ablaß dem Geiste und der Auffassung des Papstes gemäß gepredigt würde, lösten sich diese (Einwände) alle ohne weiteres auf, ja es gäbe sie überhaupt nicht.
93. Darum weg mit allen jenen Propheten, die den Christen predigen: "Friede, Friede", und ist doch kein Friede.
94. Wohl möge es gehen allen den Propheten, die den Christen predigen: "Kreuz, Kreuz", und ist doch kein Kreuz. Man soll die Christen ermutigen, daß sie ihrem Haupt Christus durch Strafen, Tod und Hölle nachzufolgen trachten
95. und daß die lieber darauf trauen, durch viele Trübsale ins Himmelreich einzugehen, als sich in falscher geistlicher Sicherheit zu beruhigen.

Anhang 11

Bibelzitate für oder gegen den Zölibat

Folgende Bibelstellen beziehen sich auf die Ehelosigkeit:

„Manche sind von Geburt an zur Ehe unfähig, manche sind von den Menschen dazu gemacht und manche haben sich selbst dazu gemacht – um des Himmelreiches willen."
– MATTHÄUS 19,12 EU. Diese Stelle wurde vereinzelt wörtlich genommen, so etwa von Origenes, der sich deswegen selbst entmannt haben soll.

„Ich wünschte, alle Menschen wären (unverheiratet) wie ich (Paulus)."
– 1. KORINTHER 7,7 EU

„Was die Frage der Ehelosigkeit angeht, so habe ich kein Gebot vom Herrn. Ich gebe euch nur einen Rat als einer, den der Herr durch sein Erbarmen vertrauenswürdig gemacht hat. Ich meine, es ist gut wegen der bevorstehenden Not, ja, es ist gut für den Menschen, so zu sein."
– 1. KORINTHER 7,25F EU

„Ich wünschte, ihr wäret ohne Sorgen. Der Unverheiratete sorgt sich um die Sache des Herrn; er will dem Herrn gefallen. Der Verheiratete sorgt sich um die Dinge der Welt; er will seiner Frau gefallen. So ist er geteilt. Die unverheiratete Frau aber und die Jungfrau sorgen sich um die Sache des Herrn, um heilig zu sein an Leib und Geist. Die Verheiratete sorgt sich um die Dinge der Welt; sie will ihrem Mann gefallen. Das sage ich zu eurem Nutzen: nicht um euch eine Fessel anzulegen, vielmehr, damit ihr in rechter Weise und ungestört immer dem Herrn dienen könnt."
– 1. KORINTHER 7,32–35 EU

„Wenn nämlich die Menschen von den Toten auferstehen, werden sie nicht mehr heiraten, sondern sie werden sein wie die Engel im Himmel."
– MARKUS 12,25 EU

Den priesterlichen Zölibat mit der Bibel zu begründen ist allerdings nicht überzeugend, denn es gibt auch Bibelstellen über die Ehe von Geistlichen:

„Er soll nur eine Jungfrau heiraten. Eine Witwe, eine Verstoßene oder eine Entehrte, eine Dirne, darf er nicht heiraten; nur eine Jungfrau aus seinem Stamm darf er zur Frau nehmen; sonst würde er seine Nachkommenschaft unter seinen Stammesgenossen entweihen; denn ich, der Herr, bin es, der ihn heiligt."
– LEVANTINS 21,13–15 EU

„Wegen der Gefahr der Unzucht soll aber jeder seine Frau haben und jede soll ihren Mann haben."
– 1. KORINTHER 7,2 EU

„Deshalb soll der Bischof ein Mann ohne Tadel sein, nur einmal verheiratet, nüchtern, besonnen, von würdiger Haltung, gastfreundlich, fähig zu lehren; er sei kein Trinker und kein gewalttätiger Mensch, sondern rücksichtsvoll; er sei nicht streitsüchtig und nicht geldgierig. Er soll ein guter Familienvater sein und seine Kinder zu Gehorsam und allem Anstand erziehen."
– 1. TIMOTHEUS 3,2–4 EU

Anhang 12

Der Islam als absolute Wahrheit im Koran

Koran, Sure 3. Das Haus Imrans

...

2. Allah - es gibt keinen Gott außer Ihm, dem Lebendigen, dem aus Sich Selbst Seienden und Allerhaltenden.

3. Er hat herabgesandt zu dir das Buch mit der Wahrheit, bestätigend das, was ihm vorausging; und vordem sandte Er herab die Thora und das Evangelium als eine Richtschnur für die Menschen; und Er hat herabgesandt das Entscheidende.

4. Die Allahs Zeichen leugnen, ihnen wird strenge Strafe; und Allah ist allmächtig, Besitzer der Vergeltungsgewalt.

...

10. Die ungläubig sind, ihr Besitz und ihre Kinder werden ihnen nicht im geringsten nützen gegen Allah; und sie sind des Feuers Nahrung -

...

90. Wahrlich, die ungläubig werden, nachdem sie geglaubt, und dann zunehmen an Unglauben: ihre Reue wird nicht angenommen werden, und sie allein sind die Irregegangenen.

91. Die aber ungläubig waren und als Ungläubige sterben, von ihrer keinem soll selbst eine Weltvoll Gold angenommen werden, auch wenn er es als Lösegeld bietet. Sie sind es, denen schmerzliche Strafe wird, und keine Helfer sollen sie finden.

...

Anhang 13

Aufforderung zum Töten der Ungläubigen im Koran

Koran, Sure 2. Die Kuh

...

191. Und tötet sie (die Ungläubigen), wo immer ihr auf sie stoßt, und vertreibt sie von dort, von wo sie euch vertrieben; denn Verfolgung ist ärger als Totschlag. Bekämpft sie aber nicht bei der Heiligen Moschee, solange sie euch dort nicht angreifen. Doch wenn sie euch angreifen, dann kämpft wider sie; das ist die Vergeltung für die Ungläubigen.

...

Koran, Sure 4. Die Faulen

...

89. Sie wünschen, daß ihr ungläubig werdet, wie sie ungläubig sind, so daß ihr alle gleich seiet. Nehmet euch daher keinen von ihnen zum Freund, ehe sie nicht auswandern auf Allahs Weg. Und wenn sie sich abkehren, dann ergreifet sie und tötet sie, wo immer ihr sie auffindet; und nehmet euch keinen von ihnen zum Freunde oder zum Helfer;

...

Koran, Sure 5.

...

33. Der Lohn derer, die Krieg führen gegen Allah und Seinen Gesandten und Unordnung im Lande zu erregen trachten, wäre der, daß sie getötet oder gekreuzigt werden sollten oder daß ihnen Hände und Füße abgeschlagen werden sollten für den Ungehorsam oder daß sie aus dem Lande vertrieben würden. Das würde eine Schmach für sie sein in dieser Welt; und im Jenseits wird ihnen schwere Strafe;

...

Koran, Sure 8. Die Verderblichkeit des Krieges

...

64. O Prophet, Allah ist deine Genüge und derer unter den Gläubigen, die dir folgen.

65. O Prophet, feuere die Gläubigen zum Kampf an. Sind auch nur zwanzig Standhafte unter euch, sie sollen zweihundert überwinden; und sind hundert unter euch, sie sollen tausend überwinden von denen, die ungläubig sind, weil das ein Volk ist, das nicht versteht.
66. Jetzt aber hat Allah euch eure Bürde erleichtert, denn Er weiß, daß in euch Schwachheit ist. Wenn also unter euch hundert Standhafte sind, so sollen sie zweihundert überwinden; und wenn tausend unter euch sind, so sollen sie zweitausend überwinden nach Allahs Gebot. Und Allah ist mit den Standhaften.
...

Koran, Sure 47. Mohammed

1. Diejenigen, die ungläubig sind und abwendig machen vom Wege Allahs - deren Werke macht Er zunichte.
2. Die aber gläubig sind und gute Werke tun und an das glauben, was auf Mohammed herabgesandt ward - und es ist die Wahrheit von ihrem Herrn -, denen nimmt Er ihre Sünden hinweg und bessert ihren Stand.
3. Dies, weil jene, die ungläubig sind, dem Falschen folgen; die aber gläubig sind, folgen der Wahrheit von ihrem Herrn. Also beschreibt Allah den Menschen ihren Zustand.
4. Wenn ihr (in der Schlacht) auf die stoßet, die ungläubig sind, trefft (ihre) Nacken; und wenn ihr sie so überwältigt habt, dann schnüret die Bande fest. Hernach dann entweder Gnade oder Lösegeld, bis der Krieg seine Waffen niederlegt. Das ist so. Und hätte Allah es gewollt, Er hätte sie Selbst strafen können, aber Er wollte die einen von euch durch die andern prüfen. Und diejenigen, die auf Allahs Weg getötet werden - nie wird Er ihre Werke zunichte machen.
...

Koran, Sure 48. Der Sieg

...
16. Sprich zu den Wüstenarabern, die zurückblieben: „Ihr sollt gegen ein Volk von gewaltigen Kriegern aufgerufen werden; ihr sollt sie bekämpfen, bis sie sich ergeben. Dann, wenn ihr gehorcht, wird Allah euch schönen Lohn geben; doch wenn ihr den Rücken kehrt, wie ihr ihn zuvor gekehrt habt, so wird Er euch bestrafen mit qualvoller Strafe.“ ...

Anhang 14

Verbot der Selbsttötung im Koran

Koran, Sure 4. Die Frauen
29. O die ihr glaubt, zehrt euren Besitz nicht untereinander auf durch Falsches, es sei denn, daß ihr im Handel (verdient) mit gegenseitigem Einverständnis. Und tötet euch nicht selber. Siehe, Allah ist barmherzig gegen euch.
30. Und wer das in Frevelhaftigkeit und Ungerechtigkeit tut, den werden Wir ins Feuer stoßen; und das ist Allah ein leichtes.

Anhang 15

<u>Von Deutschland erbrachte finanzielle Beiträge</u>
(Beispiele)

1. Nettobeiträge an die EU

2008 waren zehn Mitgliedstaaten Nettozahler in der EU – neben Deutschland auch Italien, die Niederlande, Frankreich, Großbritannien, Schweden, Dänemark, Österreich, Finnland und Zypern. Diese Staaten zahlten mehr in den EU-Haushalt ein, als Mittel aus dem EU-Haushalt an sie zurückflossen.

Insgesamt beliefen sich die Nettozahlungen auf 30,7 Milliarden Euro.
Davon stammten rund **11 Milliarden Euro** aus Deutschland. Das sind **35,9 %**.
Damit war Deutschland 2008 mit Abstand größter Nettozahler der EU.
Größte Nettoempfänger waren Griechenland und Polen.
Insgesamt ist zu bemerken, daß die Kluft zwischen Nettozahlern und -empfängern in den letzten Jahren zugenommen hat.

Nettozahler- und -empfängerpositionen der Mitgliedstaaten (in Millionen Euro) im Jahre 2008:

Deutschland	-11.021,5
Italien	-4.838,1
Niederlande	-4.401,7
Frankreich	-4.303,3
Großbritannien	-2.804,0
Schweden	-1.759,1
Dänemark	-744,0
Österreich	-417,1
Finnland	-388,7
Zypern	-49,8
Malta	27,3
Slowenien	47,9
Estland	207,1
Lettland	394,8

Irland	474,7
Bulgarien	607,9
Tschechien	1.045,1
Ungarn	1.055,5
Luxemburg	1.150,4
Rumänien	1.448,6
Belgien	1.476,6
Spanien	2.127,7
Portugal	2.650,9
Polen	4.167,0
Griechenland	6.186,1

Quelle:
http://www.cep.eu/eu-fakten/mitgliedstaaten-der-eu/deutschland-in-der-eu/d-und-eu-finanzen/d-als-nettozahler/ (Centrum für Europäische Politik)

2. Entwicklungshilfe

Entwicklungsminister Dirk Niebel (FDP) hat die Debatte um Entwicklungshilfe angestoßen.

Sein Ministerium sei kein "Weltsozialamt“, Deutschland müsse auch an eigene Interessen denken. Der Staat zahlt zu viel Entwicklungshilfe.

Die Bundesrepublik Deutschland zahlt **9,67 Milliarden Euro** Entwicklungshilfe.

Sebastian Panknin, Haushalts- und Finanzexperte beim Bund der Steuerzahler: „Es werden weiterhin Länder millionenschwer gefördert, die objektiv auf diese Hilfen nicht angewiesen sind. Hier muß ein Umdenken stattfinden.“

Beispiele für Zahlungen aus dem Jahr 2008:

China: **321 Millionen Euro**.
Das bevölkerungsreichste Land der Welt ist die Wirtschafts-Supermacht der Zukunft und überholte Deutschland 2009 als Ex-

portweltmeister. Immer mehr deutsche Firmen verlegen ihre Produktionsstätten nach China. Die Menschenrechtsbewegung erlebt immer wieder Tiefschläge. Dabei betonte Minister Dirk Niebel: „Unsere entwicklungspolitische Zusammenarbeit ist nicht nur an Interessen ausgerichtet, sondern auch an Werten orientiert."

Türkei: 147 Millionen Euro.
Die Wirtschaft ist eine der am schnellsten wachsenden in Europa. Seit 2005 steht der Staat in Verhandlungen über die Aufnahme in die EU.

Südafrika: 131 Millionen Euro.
Seit letztem Jahr ist Jacob Zuma Präsident. Er brüstet sich seiner Vielweiberei, war wegen Korruption und Vergewaltigung angeklagt.

Brasilien: 98 Millionen Euro.
Brasilien ist stark genug, die Fußball-WM 2014 und die Olympischen Sommerspiele 2016 auszurichten. 2009 erlebte es einen Börsen-Boom.

Syrien: 27 Millionen Euro.
Das autoritäre Ein-Parteien-Regime von Bashar al-Assad propagiert eine offene Feindschaft zu Israel, beherbergt und finanziert islamistische Terroristen.

Quelle: Berliner Zeitung vom 08. Januar 2010, Thore Schröder

3. Hilfspaket für Griechenland

Deutschland zahlt **22,4 Milliarden Euro** für Griechenland.

Insgesamt 110 Milliarden Euro sollen in den nächsten drei Jahren in das vom Staatsbankrott stehende Griechenland fließen. Darauf einigten sich die EU-Finanzminister. Auf Deutschland entfallen deutlich mehr als die zunächst angekündigten acht Milliarden Euro.

80 von den 110 Milliarden sollen von den Euro-Ländern kommen. Auf Deutschland entfallen nach Angaben von Bundesfinanzminister

Wolfgang Schäuble (CDU) 22,4 Milliarden Euro. Das sind 28 % des europäischen Aufkommens.

Quelle: Deutsche Handwerkszeitung 03.05.2010

4. Deutschland bezahlt letzte Kriegsschulden

92 Jahre nach dem Ende des Ersten Weltkriegs hat Deutschland am vergangenen Sonntag die letzte Rate seiner Kriegsschulden beglichen. Damit schloß sich das Kapitel Erster Weltkrieg zumindest aus finanzieller Sicht.

Als Artikel 231 des Versailler Vertrages im Jahr 1919 die alleinige Verantwortung für den Ersten Weltkrieg Deutschland zuschrieb, wurde die noch junge Weimarer Republik mit immensen Forderungen nach Reparationszahlungen konfrontiert.

Nach dem Zweiten Weltkrieg regelte das Londoner Abkommen von 1953 die Vor- und Nachkriegsschulden Deutschlands. Es wurde unter anderem vereinbart, daß Deutschland die Zinsrückstände erst im Fall einer Wiedervereinigung zu tilgen habe.

Mit der Wiedervereinigung vom 3. Oktober 1990 wurden diese Zinsrückstände wieder aktuell. Sie summierten sich auf knapp **240 Millionen D-Mark**. Pünktlich zum 20. Jahrestag der Wiedervereinigung überwies das „Bundesamt für zentrale Dienste und offene Vermögensfragen" (BADV) nun am vergangenen Sonntag die letzte Tilgungsrate.

Quellen: www.g-geschichte.de vom 04.10.2010 und Kurier.at vom 01.10.2010

5. Deutschland bezahlt Ecuador für Ölförderverzicht

Ecuadors Regierung soll Geld für Öl-Förderverzicht erhalten.

Orellana - Deutschland plant die Teilnahme an einem ungewöhnlichen Umweltschutz-Projekt in Ecuador, bei dem das südamerikanische Land für den Verzicht auf Erdölförderung einen finanziellen

Ausgleich erhalten soll. Die Verhandlungen über eine Unterstützung der Bundesregierung sollen im September beginnen, wie der deutsche Botschafter in Quito, Peter Linder, mitteilte. Staaten, Investoren und Privatleute sollen Ecuador insgesamt 3,6 Milliarden Dollar (2,8 Mrd. Euro) dafür zahlen, dass die Erdölvorräte des im Yasuní-Nationalpark gelegenen Regenwald-Gebietes Ishpingo-Tiputini-Tambococha (ITT) nicht ausgebeutet werden. Die Summe entspricht der Hälfte der möglichen Einnahmen durch die Ölförderung. "Wir sind sehr zufrieden, dass sie Deutschland als Partner ausgewählt haben", sagte Linder. Der Diplomat fügte hinzu, dass sich die deutsche Gesellschaft für Technische Zusammenarbeit (GTZ) bereits mit wissenschaftlichen Untersuchungen und Machbarkeitsstudien an der Yasuní-ITT-Initiative beteilige.

Quelle: Welt-Online, 23.08.2010

6. Der deutsche Steuerzahler zahlt U-Boote für Israel

Israel schätzt deutsche Wehrtechnik. Besonders ist es an unseren U-Booten der Klasse *Dolphin* interessiert, die mit modernen Brennstoffzellen angetrieben werden, die sie besonders lange tauchen lassen. Damit eignen sie sich vor allem für umfangreiche Einsätze auf offener See und können möglicherweise gegen Pakistan oder den Iran eingesetzt werden.

Laut einem Bericht des *Spiegel* (04.01.2009, S. 19) „wünscht“ sich Israel – wie bei bisherigen U-Booten – eine millionenschwere Subvention aus dem Bundeshaushalt. Im Klartext: Der deutsche Steuerzahler soll U-Boote für Israel bezahlen.

Bisher wurden an Israel fünf U-Boote der Klasse *Dolphin* „verkauft“: Die ersten drei wurden 1999 und 2000 geliefert, das vierte und fünfte der Reihe werden derzeit in Kiel gebaut. Laut *Spiegel* zahlt der deutsche Steuerzahler dafür bereits bis zu **333 Millionen Euro**, das sind etwa ein Drittel der Kosten. Die drei ersten U-Boote, die 1999 und 2000 geliefert wurden, waren mit **1,1 Milliarden DM** aus dem Bundeshaushalt bezuschusst worden.

Quelle: Kopp Online vom 08.10.2009, Michael Grandt

Anhang 16

Das Gebet im Islam

Islamische Gebete, Auszug aus Payer, Alois, Islam. Materialien zur Religionswissenschaft, Fassung vom 2005-02-07. http://www.payer.de/islam/islam.htm

Das Gebet

"Unser Prophet Mohammed sagte: "Bete auf deinen Knien, stehend, liegend oder sitzend, bei Tag oder bei Nacht -- aber bete."

Ihr -- Kinder, die den rechten Weg folgen wollt -- müßt zu den bestimmten Zeiten beten, und wenn ihr nicht beten könnt, dann könnt ihr euer Gebet bis zu einer anderen Zeit verschieben, aber geht nie schlafen ohne Gott zu preisen."

Die fünf Gebete

"Du mußt wissen, daß es fünf tägliche Gebete gibt, nämlich:

Sobh -- Dohr -- Asr -- Maghrib -- Ischa

welche aus Rumpfbeugungen und Prosternationen bestehen, die Rakaa genannt werden. Jedes Gebet besteht aus einer bestimmten Zahl von Rakaas:
Sobh besteht aus zwei Rakaas
Dohr besteht aus vier Rakaas
Asr Dohr besteht aus vier Rakaas
Maghrib besteht aus drei Rakaas
Ischa besteht aus vier Rakaas."

Was du vor dem Gebet tun mußt

1. "Bevor du betest, mußt du die vier folgenden Anordnungen erfüllen:
2. Dein Körper und deine Kleider müssen sauber sein, sowie der Platz an dem du dich entschieden hast, zu beten.

3. Du mußt bescheiden gekleidet sein, so dein Körper bedeckt ist (der Mann muß seinen Körper vom Nabel bis zu den Knien und die Frau den ganzen Körper außer ihren Händen und Füßen bedecken).
4. Du mußt dich nach Mekka, dem Heiligen Land, zuwenden, wo Gottes Haus Al Kaaba steht.
5. Du mußt deine Seele durch das Waschen der folgenden Körperteile gereinigt haben:
   1. dein Gesicht
   2. deine Hände bis zu den Ellbogen
   3. einen Teil deines Kopfes
   4. deine Füße
6. In einigen Fällen mußt du deinen ganzen Körper waschen."

Die für jedes Gebet bestimmten Zeiten

- "**Sobh:** Dieses Gebet wird in der Morgendämmerung, bei Tagesanbruch verrichtet. Es beginnt in dem Moment, in dem das Tageslicht erscheint, und geht zu Ende bis kurz vor dem Sonnenaufgang. Der letzte Teil deines Gebets "Tahiyyat" muß im Moment der Erscheinung der Sonne gemacht werden.
- **Dohr:** Dieses Gebet beginnt wenn die Sonne sich von der Mitte des Himmels senkt und wenn Schatten beginnen sich auszudehnen. Seine Zeit endet, wenn ein Ding und sein Schatten gleich sind.
- **Asr:** wird in der Zeit verrichtet, in der die Zeit des Dohr beendet ist. Oder, genauer gesagt, nachdem die Sonne am Meridian vorbeigeht und bis zur Zeit des Maghrib.
- **Maghrib:** wird nach dem Sonnenuntergang verrichtet (1). Wir können sagen, daß seine Zeit ungefähr anderthalb Stunden nach dem Sonnenuntergang beträgt.
  Es ist erwünscht, daß du mit anderen das Maghribgebet verrichtest. Natürlich ist Gebet mit andern Menschen bei den anderen Gebetszeiten wichtig, aber es ist vor allem beim Maghribgebet erwünscht.
- **Ischa:** wird verrichtet nachdem das Tageslicht vom Himmel verschwindet, ca. anderthalb Stundem nach dem Ende der Maghribzeit. Seine Zeit endet mit dem Beginn des Fagrgebets. Der letzte Teil des Gebets muß vor der Erscheinung der Sonnenstrahlen verrichtet werden.

In der islamischen Religion darf der Mensch das Gebet weder im Moment der Sonnenerscheinung verrichten, noch wenn sie im Zenit steht, noch im Moment ihres Untergangs, damit es deutlich gemacht wird, daß der Mensch Gott und nicht die Sonne anbetet."

Wie das Gebet verrichtet wird

"Dein Herz ist voll von Liebe und Unterwerfung Gott gegenüber. In deinem Hirn formst du die Idee, dieses oder jenes Gebet zu verrichten und mußt die folgenden Worte leise aussprechen, die von dem Führer oder dem Imam eines Gebetsversammlung ausgesprochen werden.

Al-Iqama:

Allahu akbar -- GOTT ist der Größte
Allahu akbar -- GOTT ist der Größte
Aschhadu alla ilaha illa llah -- Ich bezeuge, daß es keinen Gott außer GOTT gibt
Aschhadu anna muhammadan rasulu illah -- Ich bezeuge, daß Muhammad der Gesandte GOTTES ist
Hayyi ala ssalah -- Komme zu beten
Hayyi ala lfalah -- Das Gebet ist verrichtet
Allahu akbar -- GOTT ist der Größte
La ilaha illa llah -- Es gibt keinen Gott außer GOTT

Danach hebst du deine Hände zu der Höhe deines Gesichts, und während du sie an deinen Seiten niedersenkst, sagst du in einer leisen Stimme "Takbirat al-Ihram", d.h.

Allahu akbar -- GOTT ist der Größte

Während deine Augen gesenkt und dein Herz unterwürfig ist (in diesem Moment wirst du nämlich mit Gott sprechen), mußt du die Fatiha aussprechen.

Al-Fatiha:

Bismi llahi rrahmani rrahiem -- Im Namen GOTTES, des Erbarmers, des Barmherzigen
Alhamdu lillahi rabbi laalamien -- Lob sei GOTT, dem Weltenherrn,
Arrahmani rrahiem -- dem Erbarmer, dem Barmherzigen,
Maliki yaumi ddien -- dem König am Tage des Gerichts!
Iyyaka na´budu wa iyyaka nasta´ien -- Dir dienen wir und zu dir rufen um Hilfe wir.
Ihdina ssirata lmustaqiem -- Leite uns den rechten Pfad,
Sirata lladiena an amta alayhim -- den Pfad derer, denen du gnädig bist,
Ghayri lmaghdubi alayhim wala ddallien -- nicht derer, denen du zürnst, und nicht der Irrenden.
Amien -- Amen.

Dann wirst du eine andere Sure vorlesen: [z.B.]

Bismi llahi rrahmani rrahiem -- Im Namen GOTTES, des Erbarmers, des Barmherzigen
Qul huwa llahu ahad -- Sprich: Er ist der eine Gott
Allahu ssamad -- GOTT, der Alleiniger
Lam yalid wa lam yulad -- Er zeugt nicht und wird nicht gezeugt
Wa lam yakun lahu kufuwan ahad -- und keiner ist ihm gleich.

Nachdem du die al-Fatiha und die anderen Suras gelesen hast, mußt du sagen:

Allahu akbar -- GOTT ist der Größte

Es ist nötig, daß du deinen Rücken und deine Knie nicht beugst und daß du deinen Kopf nicht hebst.
Beuge dich nur von deiner Hüfte an vor und dann presse deine Hände an deine Knie. Behalte diese Position lange genug, um dreimal sagen zu können:

Subhana rabbiya l'adiem -- Gepriesen sei mein größter Gott

Dann mußt du aufstehen und sagen:

Sami´a llahu liman hamidah -- GOTT hört jedem zu, der ihn preist

Allahu akbar -- GOTT ist der Größte

Du mußt einen kurzen Augenblick stehen bleiben und dann dich auf den Boden niederbeugen und ihn mit deiner Stirn und Nase berühren während du deine geöffneten Hände auf den Boden neben den Ohren tust. Dann mußt du dreimal sagen:

Subhana rabbiya la´la -- Gepriesen sei mein oberster Gott

Du hebst deine Hände und sagst:

Allahu akbar -- GOTT ist der Größte

Dann mußt du dich aufsetzen, der linke Fuß unter dem linken Hinterteil, der auf dem Boden ist, deine Hände flach auf deinen Oberschenkeln.
Du behältst dann diese Position bis du vollkommen bewegungslos bist; dann mußt du dich ein zweites Mal auf dem Boden niederbeugen und sagen:

Allahu akbar -- GOTT ist der Größte

Während vorgebeugt, mußt du in leiser Stimme dreimal sagen

Subhana rabbiya la´la -- Gepriesen sei mein oberster Gott

Schließlich stehst du mit Hilfe deiner Hände auf und sagst gleichzeitig:

Allahu akbar -- GOTT ist der Größte

Alle diese Bewegungen (Verhalten und Lesung) sind **eine Rakaa**. Wer **zwei Rakaas** beten will, tut diese Bewegungen zweimal, aber statt am Ende der zweiten Rakaa aufzustehen, wie es am Ende der ersten Rakaa geschieht, behältst du die Position (aufrecht auf den Unterschenkeln sitzend) mußt du deine rechte Hand schließen und deinen Zeigefinger ausstrecken, während du **Tahiyyat Attaschahhud** sagst.

Attaschahhud -- Glaubenszeugnis

Attahiyyatu lillah, azzakiyyatu lillah -- Die Begrüßungen seien GOTT, die guten Tätigkeiten seien GOTT
Assalawatu attayyibatu lillah -- Die guten Gebete seien GOTT
Assalamu aliaka ayyuha nnabiiyyu wa rahmatu llahi wa barakatuh -- Friede sei mit Dir, o Prophet, und mit Dir seien auch Erbarmen und Segen GOTTES
Assalamu alaina wa ala ibadi llahi ssalihien -- Friede sei mit uns und mit den guten Dienern GOTTES
Aschhadu alla ilaha illa llahu wahdahu la scharieka lah -- Ich bezeuge, daß es keinen Gott außer GOTT gibt, der einzig ist und keinen Gefährten hat
Wa aschhadu anna mahammadan abduhu wa rasuluh -- Und ich bezeuge daß Muhammad der Diener und Gesandte GOTTES ist

Wenn das Gebet aus zwei Rakaas besteht, wie Sobh zum Beispiel, dann mußt du deinen Kopf senken und ihn zuerst nach rechts und dann nach links drehen und sagen:

Assalamu alaykum -- Friede sei mit euch
Assalamu alaykum -- Friede sei mit euch

Das Gebet ist jetzt vollendet.

Wenn das Gebet jedoch aus **vier Rakaas** besteht, wie zum Beispiel Dohr, Asr und Ischa, oder aus **drei Rakaas**, wie nur das Maghribgebet, mußt du die Tahiyya ohne Assalamu alaykum zu sagen be enden. Du mußt aufstehen nachdem du gesagt hast:

Wa aschhadu anna mahammadan abduhu wa rasuluh -- Und ich bezeuge daß Muhammad der Diener und Gesandte GOTTES ist

Wenn du noch eine oder zwei Rakaas beten willst, wie es das Gebet vorschreibt, dann liest du für die dritte und vierte Rakaa in einer leisen Stimme nur die al-Fatiha vor, und wiederholst danach dieselben Bewegungen.
Nachdem du die dritte Rakaa oder zwei Rakaas gemacht hast, sagst du zum zweiten Mal "Attahiyyatu". Danach drehst du deinen Kopf nach rechts und sagst: Assalamu alaykum. Darauf drehst du ihn nochmals nach links und sagst: Assalamu alaykum.

Nachdem du das Gebet beendet hast, mußt du folgendes sagen, bevor du deine Position änderst:

La ilaha illa llah -- Es gibt keinen Gott außer GOTT
La ilaha illa llah -- Es gibt keinen Gott außer GOTT
La ilaha illa llah -- Es gibt keinen Gott außer GOTT
muhammadun rasalu llah -- Muhammad ist der Gesandte GOTTES

Immer noch in dieser Position kannst du etwas Dikr hinzufügen, indem du mit der Vorlesung der Verse des "Throns" beginnst.

Die Verse des Throns

Allahu la ilaha huwa lhayyu lqayyum -- GOTT! Es gibt keinen Gott außer ihm, dem Lebendigen, dem Ewigen.
La taakhuduhu sinatun wa la naum -- Nicht ergreift Ihn Schlummer und nicht Schlaf.
Lahu ma fi ssamawati wa ma fi lard -- Sein ist, was in den Himmeln und was auf Erden.
Ma da lladi yaschfa´u indahu illa bi idnih -- Wer ist's, der da Fürsprache einlegt bei ihm ohne seine Erlaubnis
Ya´lamu ma baina aydiehim wa ma khalfahum -- Er weiß, was zwischen ihren Händen ist und was hinter ihnen,
wa la yuhituna bi schayin min ilmihi illa bi ma schaa -- und nicht begreifen sie etwas von seinem Wissen, außer was er will.
Qasi´a kursiyyuhu ssamawati wa lard -- Weit reicht sein Thron über die Himmel und die Erde,
Wala yauduhu hifduhuma -- und nicht beschwert ihn beider Hut.
Wa huwa l´aliyyu l´adiem -- Denn Er ist der Hohe, der Erhabene.

Dann mußt du 33 mal wiederholen:

Subhana llaha -- Gepriesen sei GOTT
Al hamdu li llah -- GOTT sei Dank (33 mal)
Allahu akbar -- GOTT ist der Größte (33 mal)

Du kannst auch die folgenden Verse vorlesen:

Rabbana atina fi ddunya hasanatan wa fi lakhirati hasanata wa qine adaba nnar -- unser Herr, gib uns hienieden Gutes und im Jenseits Gutes und hüte uns vor der Strafe des Feuers.

Danach hebst du deine Hände zu der Höhe deines Gesichts und sagst:

Wa lhamdu li llahi rabbi l´alamien -- Gott sei Dank, der Gott unserer Welt ist.

Dann wünschst du von Gott, daß er den Propheten Muhammad segnet, der uns den echten Weg führte, weil er uns ein gutes Beispiel gegeben hat.
Rolle [!] deine Hände mit unterwürfigem Benehmen zusammen, und dann verrichtest du Assalawat:

Assalawat

Assalatu wa ssalamu aalayka ya sayyidi ya habiba llah -- Friede sei mit dir, o mein Herr, o Freund Gottes
Assalatu wa ssalamu aalayka ya sayyidi ya nabbiyya llah -- Friede sei mit dir, o mein Herr, o Prophet Gottes
Assalatu wa ssalamu aalayka ya sayyidi ya rasula llah -- Friede sei mit dir, o mein Herr, o Gesandter Gottes
Alfu salatin wa alfu salamin aalayka wa aala alika wa ashabika ya khayri khalqi llah -- Tausende Gebete und Frieden seien für Dich, für seine Verwandten und für seine Begleiter, o Herr, der das beste Geschöpf Gottes ist
Wa lhamdu li llahi rabbi l´alamin -- und Gott sei Dank, der Gott der Welt ist.

Nun kannst du diese wiederholen, weil du Gott deine Aufgabe gemacht hast."

Zusammenfassung des Ablaufs der einzelnen Gebete
Dohr

1. Fatiha und Sure
2. Fatiha und Sure Tahiyya
3. Fatiha
4. Fatiha Assalamu aalaykum in leiser Stimme

Asr

1. Fatiha und Sure
2. Fatiha und Sure Tahiyya
3. Fatiha
4. Fatiha Assalamu aalaykum in leiser Stimme

Maghrib

1. Fatiha und Sure
2. Fatiha und Sure in lauter Stimme Tahiyya
3. Fatiha in leiser Stimme Assalamu aalaykum

Ischa

1. Fatiha und Sure
2. Fatiha und Sure in lauter Stimme Tahiyya
3. Fatiha in leiser Stimme
4. Fatiha in leiser Stimme Assalamu aalaykum

Sobh

1. Fatiha und Sure
2. Fatiha und Sure in lauter Stimme Tahiyya Assalamu aalaykum

Fadhr

1. Fatiha und Sure in leiser Stimme
2. Fatiha und Sure in leiser Stimme Tahiyya Assalamu aalaykum

Schaf

1. Fatiha und Sure
2. Fatiha und Sure in lauter Stimme Tahiyya Assalamu aalaykum

Watr

1. Fatiha und Sure in lauter Stimme Tahiyya Assalamu aalaykum

Das Gebet muß in der Sprache des Korans ausgesprochen werden

Stellung beim Gruppengebet

"Wenn man mit dem Imam alleine betet, muß man auf der rechten Seite des Imams stehen. Wenn es aber zwei oder mehr Menschen sind, müssen sie hinter ihm stehen. Wenn eine Frau dabei ist, muß sie hinter den Männern stehen.
Wenn ein Mann und seine Frau zusammen beten, muß die Frau hinter ihrem Mann stehen und zwar auf der rechten Seite."

Das Freitagsgebet

"Dieses Gebet ist von Gott angeordnet. Du mußt zu der Moschee eilen, wenn der Imam in dem Rednerpult sitzt und der Muezzin vom Minarett anfängt, die Gläubigen zu rufen. Dann muß alle Kaufmänner aufhören und alles andere, das dich davon abhalten könnte, zum Gebet zu eilen [!]. Dieses Gebet besteht aus zwei Rakaas, die vom Imam laut ausgesprochen werden.
Die Predigt wird gegeben, bevor das Gebet beginnt. Bevor du dich zur Moschee begibst, mußt du dich gründlich gewaschen haben.
Es ist außerdem erwünscht, daß du deine besseren Kleider anziehst und dich für die Angelegenheit parfümierst."

Anhang 17

Zerstörte Demokratie: Aufhebung eines Volksentscheids durch den Landtag

Landtagsdebatte zur Aufhebung des Volksentscheids zur Rechtschreibreform

Quelle: Plenarprotokoll 93. Sitzung, Mittwoch, 15. September 1999

Erste Lesung des Entwurfs eines Gesetzes zur Änderung des Schulgesetzes
Gesetzentwurf der Fraktionen von SPD, CDU, BÜNDNIS 90/DIE GRÜNEN, F.D.P. und der Abgeordneten des SSW
Drucksache 14/2368

Vizepräsidentin Dr. Gabriele Kötschau:

Wird das Wort zur Begründung gewünscht? - Das ist nicht der Fall. Dann eröffne ich die Grundsatzberatung. Das Wort hat der Herr Abgeordnete Weber.

Jürgen Weber [SPD]:

Frau Präsidentin! Liebe Kolleginnen und Kollegen!

(Zurufe: Bitte kurz fassen!)

Ich will auf Ihren Feierabend gern Rücksicht nehmen und mich auf das Wesentliche beschränken.

Die Fraktionen des Landtages haben gemeinsam einen Gesetzentwurf vorgelegt, mit dem § 4 Abs. 10 des Schulgesetzes gestrichen und damit die Vorschrift über die Rechtschreibung in unserem Land aufgehoben werden soll. Ich möchte an dieser Stelle ausdrücklich sagen, daß uns die Entscheidung prinzipiell und vor allen Dingen zu diesem Zeitpunkt keinesfalls leichtgefallen ist. Gerade wir Sozialdemokraten haben uns für die Schaffung der Volksgesetzgebung eingesetzt, und somit hat es für uns ein besonderes Gewicht, nach genauer Prüfung zu entscheiden, daß wir zu diesem Zeitpunkt den erfolgreichen Volksentscheid der Initiative "WIR gegen die Rechtschreibreform", der von einer Mehrheit der Wähler so gewollt worden ist, heute und Freitag mit einer Änderung des Gesetzes wieder kassieren.

Ich darf an dieser Stelle sagen - und das ist häufig mißverständlich rübergekommen -, daß die Frage, ob das gesamte Regelwerk sinnvoll oder nicht sinnvoll, schön oder unschön ist, keine parteipolitische Frage ist und auch nie eine war. Befürworter und Anhänger gibt es in allen Parteien. Auch ich persönlich bin froh, daß man zukünftig weiter so schreiben kann, wie man schreiben will. Lassen Sie mich soviel sagen: Der reformierte Umgang mit manchen Fremdwörtern ist schon befremdlich, das muß ich gestehen. Für mich persönlich sind Spagetti - jetzt ohne kleines "h" - auf jeden Fall **viel** schlimmer im Anblick als Spaghetti ohne Parmesan.

Ich glaube, wir müssen deutlich machen, daß sich bei den verbindlichen Regeln für die deutsche Schriftsprache, die wir brauchen,

(Karl-Martin Hentschel [BÜNDNIS 90/DIE GRÜNEN]: Nein, wozu? In den USA gibt es die auch nicht!)

die Aufgabe der Exekutive darauf zu beschränken hat, im Bereich der Verwaltung eine Einheitlichkeit festzulegen und eine verbindliche, einheitliche Rechtschreibung in unseren Schulen sicherzustellen, nicht mehr und nicht weniger.

In den vergangenen Jahren haben wir umfassende Diskussionen gehabt, und die Initiative "WIR gegen die Rechtschreibreform" und diejenigen, die das politisch unterstützt haben, haben die Hoffnung erweckt, einen Dominoeffekt zu erzielen und damit auch in anderen Bundesländern die Rechtschreibreform auszuhebeln. Wir stellen heute fest, daß der Dominoeffekt nicht eingetreten ist. Wir müssen deshalb ernsthaft nachdenken, wie wir auf die neue Situation reagieren wollen. Mit der Übernahme der Reform in die Amtssprache für die gesamte Verwaltung ohne Schulen und nachgeordnete Schulverwaltungen entstünde in der Tat die völlig absurde Situation, daß nämlich rund 1.050 Schulen und die Schulämter eine andere Schreibung verwenden würden als der Rest des deutschen Sprachraumes. Das kann man nicht zulassen.

Ich möchte die ganzen Aspekte und Argumente, die angeführt worden sind, die sich an das Kriterium Verfügbarkeit der Bücher anhängen, aus Zeitgründen hier nicht noch einmal im einzelnen bewerten. Ich möchte aber deutlich sagen, daß die Landesregierung im letzten Jahr an vielen Stellen versucht hat, unterhalb der gesetzlichen Regelung Regelungen zu schaffen, um die nachteiligen Konsequenzen für Schülerinnen und Schüler so gering wie möglich zu halten. Das gilt sowohl für die ehemalige Bildungsministerin Frau Böhrk als auch für die jetzige Bildungsministerin Frau Erdsiek-Rave. Erlauben Sie mir diesen Nebensatz: Höflich formuliert haben diese Versuche ein ausgesprochen höhnisches, polemisches Begleitmusiktheater in diesem Parlament und im Ausschuß erfahren, was für eine sachliche Bearbeitung des ganzen Themas nicht hilfreich war.

(Vereinzelter Beifall bei der SPD)

Zurück zur heutigen Entscheidung. Der Volksentscheid in der im Gesetz niedergelegten Form hat in der Tat bereits sein Verfallsdatum in sich, weil die Rechtschreibung an den Schulen an die Rechtschreibung der Mehrheit der lieferbaren Bücher gebunden ist. Das kann man für sinnvoll oder nicht sinnvoll erachten, das ist die Grundlage, auf der wir zu entscheiden und zu handeln haben. Und es war zu jedem Zeitpunkt klar, daß der Volksentscheid nicht nur zu akzeptieren war, sondern auch akzeptiert worden ist.

Zum heutigen Zeitpunkt stellen wir fest: Die Dominotheorie ist nicht erfolgreich gewesen. Wir haben einen neuen Sachstand, auf den wir uns konzentrieren müssen. Für uns ist es unter diesen Umständen unverantwortlich - das darf ich als vorletzte Bemerkung noch anfügen -, die Schülerinnen und Schüler im Land, aber auch die Lehrerinnen und Lehrer, die die Schüler zu unterrichten haben, weiterhin auf der Grundlage eines überholten Regelwerks lernen zu lassen, das in der weiteren Entwicklung im deutschen Sprachraum keine Zukunft hat.

(Konrad Nabel [SPD]: Gut, prima! - Beifall des Abgeordneten Konrad Nabel [SPD])

Schönen Dank für den Beifall, aber das ist eigentlich gar kein richtiger Grund für Applaus,

(Konrad Nabel [SPD]: Ich dachte, du seiest fertig!)

denn eigentlich möchte ich doch darauf hinweisen, daß uns das Kernproblem, das uns dazu bringt, das Gesetz zum heutigen Tag zu ändern, auch Anlaß geben sollte - lassen Sie mich das vielleicht noch abschließend sagen -, die Gesetzgebung über Volksentscheide für zukünftige Fälle zu überprüfen und über die Frage nachzudenken, ob wir nicht feste Regeln etablieren müßten, wie sie für den kommunalen Bereich gelten, und wie wir zukünftig damit umgehen müssen.

(Wolfgang Kubicki [F.D.P.]: Nächste Legislaturperiode!)

Das ist nach meiner Meinung eine Aufgabe, die wir uns als Parlament selbst setzen oder dem Parlament der nächsten Legislaturperiode mitgeben sollten.

In diesem Sinne und unter Hinweis auf diese nur kurz angerissenen Gesichtspunkte darf ich erklären, daß die SPD-Fraktion der von der CDU jetzt auf den Weg gebrachten und uns vorgelegten Änderung des Schulgesetzes zustimmen wird. Ich möchte mich der politischen Polemik in dieser Frage enthalten, weil dies auch kein Wahlkampfthema ist, möchte aber anmerken: Man wundert sich manchmal, wie schnell Leute auf Anweisung ihre Meinung ändern.

(Beifall bei der SPD und des Abgeordneten Wolfgang Kubicki [F.D.P.]

Wolfgang Kubicki [F.D.P.]: Herr Kollege Weber, das ist wie bei euch!

Lothar Hay [SPD]: Bei uns klappt das nicht!)

Vizepräsidentin Dr. Gabriele Kötschau:

Ich erteile Herrn Abgeordneten de Jager das Wort.

Jost de Jager [CDU]:

Herr - Frau Präsident! Meine Damen und Herren!

(Holger Astrup [SPD]: Das ist ein Rechtschreibproblem!)

Das wird auch von der Rechtschreibung nicht erfaßt; das war einfach ein Fehler.
Wir beraten heute über etwas, was in der Tagesordnung schlicht als "Änderung des Schulgesetzes" ausgewiesen ist. Genaugenommen handelt es sich - das hat der Kollege Weber ja bereits ausgeführt - um die Streichung des § 4 Abs. 10 des Schulgesetzes, mit der der Status quo ante wiederhergestellt werden soll, indem das Schulgesetz künftig keine Ausführungen mehr über die an den Schulen zu verwendende Rechtschreibung machen wird.

Dieser Vorgang ist bei aller Schlichtheit der Bezeichnungen doch von erheblicher Tragweite, da der in Rede stehende Passus des Schulgesetzes durch Volksentscheid zustande gekommen ist. Es ist deshalb gut und richtig, daß das Parlament diese Schulgesetzänderung auf der Basis eines interfraktionellen Gesetzentwurfs und in zu erwartender Einstimmigkeit vornimmt. Schließlich wäre es für die politische Kultur im Lande nicht gut, wenn die Aufhebung des ersten erfolgreichen Volksentscheids in Schleswig-Holstein im Parteienstreit untergehen würde. Das wird aber auch nicht geschehen. Gleichwohl wird niemand bestreiten, daß vor allem die CDU dabei in einer besonderen Verantwortung steht. Andererseits stehen wir als Union aber auch nicht im Verdacht, nun etwas parlamentarisch umsetzen zu wollen, was seinerzeit an der Wahlurne nicht gelungen ist. Wir haben unsere Entscheidung in Respekt vor der Entscheidung der Wählerinnen und Wähler beim Volksentscheid im vergangenen Jahr, den wir unterstützt haben, getroffen, aber auch in Verantwortung für die Schülerinnen und Schüler an den Schulen Schleswig-Holsteins vor dem Hintergrund einer veränderten Ausgangslage. Diese veränderte Ausgangslage, auf die ich nachher noch näher eingehen werde, ist für uns der entscheidende Punkt gewesen.

Wir halten aber an der inhaltlichen Kritik an der Rechtschreibreform nach wie vor fest. Bei der Frage, ob diese Reform klug, durchdacht und handwerklich präzise konzipiert worden ist, sind wir nicht über Nacht vom Saulus zum Paulus geworden. Wir sind auch von ihrer Notwendigkeit immer noch nicht überzeugt, und deshalb ist die Reform der Reform, die ja bereits in Gang gesetzt wurde, wenngleich sie nur schleppend verläuft, zwingend erforderlich.

Zu Recht wird von den Gegnern kritisiert, daß durch diese mängelbehaftete Reform die Einheitlichkeit der Schriftsprache nicht gewährleistet wird. Hier ist eine Vereinheitlichung von Regeln, Ausnahmen und Anwendungen bei Lexika, Redaktionen und Verlagen erforderlich. Dies ist auch eine Aufgabe für die Kultusministerkonferenz. Zu der Forderung nach Einheitlichkeit gehört aber auch etwas anderes, nämlich die Erkenntnis, daß ich dann, wenn ich die Rechtschreibung nach den alten Regeln bundesweit nicht erreichen kann, die neuen Regeln auch in Schleswig-Holstein akzeptieren muß. Wir können es nicht zulassen, daß die schleswig-holsteinischen Schülerinnen und Schüler auf Dauer in einer Rechtschreibung unterrichtet werden, die außerhalb der schleswig-holsteinischen Schulen keine Anwendung findet.

(Beifall der Abgeordneten Roswitha Strauß [CDU])

"Dauerhaft" ist für uns in diesem Zusammenhang bereits der Zeitraum von einem weiteren Schuljahr. Seit dem Volksentscheid im vergangenen Jahr hat sich die Ausgangslage maßgeblich verändert. Mit dem Volksentscheid war immer das Versprechen verbunden, daß es zu keiner dauerhaften Insellage für die Schülerinnen und Schüler in Schleswig-Holstein kommen wird; vielmehr war mit dem Volksentscheid stets die Annahme verbunden, daß von Schleswig-Holstein ein Signal ausgehen würde, daß die Rechtschreibreform bundesweit kippt. Nach einem Jahr ist nun festzuhalten, daß diese erhoffte bundesweite Signalwirkung nicht eingetreten ist. Die demokratische Legitimation gegen die Rechtschreibreform in Schleswig-Holstein hat in den anderen Bundesländern keine Entsprechung gefunden. Es war auch für uns bedauerlich festzustellen, daß die Volksinitiativen in anderen Bundesländern nicht von Erfolg gekrönt waren beziehungsweise in Verfahrensfragen steckengeblieben sind. Ausschlaggebend war für uns das Scheitern des Berliner Volksbegehrens mit nicht einmal der Hälfte der erforderlichen Unterschriften. Anlaß war aber auch der vorgelegte Erlaßentwurf des Innenministers, der die Lage der Schulen in Schleswig-Holstein deutlich kompliziert hätte. Danach wäre die neue Rechtschreibung als Amtssprache für alle Bereiche bis auf die Schulverwaltung unterhalb der

Ebene des Ministeriums eingeführt worden. Dieser Erlaß hätte die Schulen in eine doppelte Insellage geführt: einerseits bundesweit und andererseits innerhalb des Landes. Darüber hinaus wäre die praktische Folge ein umständliches Rückübersetzen von Verwaltungsvorschriften auf der Ebene der unteren Schulaufsicht gewesen. Praktische Folge des Erlasses wäre zum Beispiel auch gewesen, daß dieser Erlaß - in der neuen Rechtschreibung verfaßt - nicht in den Schulen hätte ausgehängt werden können, ohne daß er zuvor in die alte Rechtschreibung übersetzt worden wäre. Ein Schelm, der Böses dabei denkt.

Vor dem Hintergrund dieser Ausgangslage liegt es in unserer Verantwortung für die Schülerinnen und Schüler in Schleswig-Holstein, die vorgesehene Bestandsaufnahme nicht erst nach zwei Jahren, sondern schon nach einem Jahr vorzunehmen. Wir sind uns auch absolut sicher - das sei hinzugefügt -, mit der Änderung des Schulgesetzes rechtlich auf gesichertem Boden zu stehen. Nach allen uns vorliegenden rechtlichen Bewertungen kann der Landtag sehr wohl eine durch Volksentscheid zustande gekommene Gesetzesänderung wieder rückgängig machen. Das ist eine Frage, die politisch und im Moment nicht rechtlich zu klären ist. Allerdings ist ebenso unstrittig, daß damit Fragen aufgeworfen werden, die bei einer künftigen Reform der Volksgesetzgebung zu klären sein werden.

Wenn wir uns schon zu einer Änderung des Schulgesetzes in dieser Frage durchringen, dann muß das im Sinne der Schülerinnen und Schüler wie der Schulen insgesamt zügig geschehen. Dies ist der Grund, weshalb wir die Gesetzesänderung - basierend auf einem gemeinsamen Entwurf aller Fraktionen - in erster und zweiter Lesung in dieser Tagung vornehmen wollen. Dies mag zwar nicht das übliche Verfahren sein, es ist aber vertretbar und richtig, wenn ein interfraktioneller Entwurf vorliegt und das Thema - das kann man von der Rechtschreibreform wohl mit Fug und Recht behaupten - bereits in allen Facetten diskutiert worden ist.

Hinzu kommt ein Zeitfaktor. Wir wissen - um es vorsichtig auszudrücken -, daß in vielen Schulen die Rechtschreibung in diesen Tagen bereits flexibel gehandhabt wird, ein Umstand übrigens, auf den die Ministerin auch schon in einem Interview Bezug genommen hat und der in den Pressemeldungen des heutigen Tages erneut deutlich wird. Wir stehen als Gesetzgeber deshalb in der Verpflichtung, die Lehrerinnen und Lehrer mit der rechtlichen Unsicherheit nicht länger allein zu lassen, und müssen deshalb möglichst rasch eine gesicherte gesetzliche Grundlage schaffen.

Parlamentarisch werden wir in dieser Tagung die Voraussetzungen für eine möglichst zügige Umsetzung in den Schulen herbeiführen. Dies muß sich in der verwaltungstechnischen Umsetzung aber auch fortsetzen. Ich persönlich bin über das Datum "1. November" für das Inkrafttreten des neuen Rechtschreiberlasses für die Schulen, das in den Zeitungen derzeit kursiert, einigermaßen verwundert und bitte die Ministerin, heute klarzustellen, wann der Erlaß kommen wird. Nach uns vorliegenden Auskünften können Gesetz und Erlaß in Wochenfrist umgesetzt und verkündet sein; damit hätten wir etwa einen Monat nach Schulbeginn - genauer gesagt: nach Unterrichtsbeginn - eine für die Schulen handhabbare Situation hergestellt.

Dieser Schritt ist uns als Union - Sie werden es mir glauben - mit Sicherheit nicht leichtgefallen; wir glauben aber, damit das einzig Richtige für die Schülerinnen und Schüler im Lande getan zu haben.

(Beifall bei der CDU und des Abgeordneten Wolfgang Kubicki [F.D.P.])

Vizepräsidentin Dr. Gabriele Kötschau:

Das Wort erhält jetzt Frau Abgeordnete Fröhlich.

Irene Fröhlich [BÜNDNIS 90/DIE GRÜNEN]:

Sehr geehrte Frau Präsidentin! Sehr geehrte Kolleginnen und Kollegen!

Herr de Jager, ich will meine vorbereitete Rede ziemlich kürzen. Zum einen stimme ich in zwei Punkten mit Ihnen überein, und zum anderen ist hinlänglich bekannt, worum es geht.

(Zuruf von der CDU: Das ist selten genug!)

Das ist selten genug, das finde ich auch. Daher möchte ich erst einmal sagen, worin ich mit Ihnen übereinstimme.

Erstens: Die Sachlage hat sich gegenüber dem Volksentscheid erheblich verändert. Es sieht nicht so aus, als ob Schleswig-Holstein der Trendsetter geworden wäre. Daher ist es richtig, daß man etwas unternehmen können muß.

Zweitens: Ich stimme mit Ihnen darin überein, daß wir - wenn dies nicht ein interfraktioneller Gesetzentwurf wäre, der sozusagen vom ganzen Haus mitgetragen wird - keineswegs zustimmen könnten. Eine bloße Mehrheitsentscheidung dürfte es nicht geben.

(Beifall des Abgeordneten Karl-Martin Hentschel [BÜNDNIS 90/DIE GRÜNEN])

Meine Fraktion tut sich außerordentlich schwer, das Schulgesetz nicht einmal ein Jahr nach dem Volksentscheid wieder zu ändern. Das will ich hier ganz deutlich sagen. Aus unserer Sicht ist das eine Mißachtung des Volkswillens. Wir tragen den Antrag außer aus dem bereits genannten Grund nur deshalb mit, weil wir die Situation an den Schulen, etwas anderes lehren und lernen zu müssen als im Rest der Bundesrepublik, für nicht länger tragbar halten. Sie belastet unsere Schülerinnen und Schüler und vermindert ihre Chancen auf dem Arbeitsmarkt. Wir sind der Überzeugung, daß diese Folge von der großen Mehrheit derjenigen, die für den Gesetzentwurf der Volksinitiative gestimmt haben, nicht gewollt war. Sie waren davon überzeugt, daß ein Sieg der Volksinitiative in Schleswig-Holstein die Einführung der Rechtschreibreform im ganzen Bundesgebiet aufhalten könnte. CDU und Volksinitiativen erzählten ihnen dies - ich sage das einmal so - wider besseres Wissen.

(Zuruf der Abgeordneten Ursula Röper [CDU])

Der Landtag kann diese schwerwiegende Entscheidung deswegen fällen, weil im Volksabstimmungsgesetz im Gegensatz zur Kommunalverwaltung, wo eine Frist von zwei Jahren vorgeschrieben ist, keine Regelung über die Aufhebung eines Volksentscheids enthalten ist. BÜNDNIS 90/DIE GRÜNEN halten es für unbedingt erforderlich, diese Frage so schnell wie möglich auch für landesweite Volksentscheide zu regeln.

(Beifall bei BÜNDNIS 90/DIE GRÜNEN)

Wir sehen die plebiszitären Elemente in der Verfassung als notwendige Ergänzung der parlamentarischen Demokratie an. Diese werden entwertet, wenn der Eindruck entsteht, ein Parlament könne nach Belieben mit den Ergebnissen von Volksentscheiden umgehen. Ein solcher Eindruck schadet dem demokratischen Zusammenspiel aller Kräfte. Ich wünsche mir eine konstruktive Diskussion im Innen- und Rechtsausschuß und eine weise Entscheidung.

(Beifall bei BÜNDNIS 90/DIE GRÜNEN und SPD)

Vizepräsidentin Dr. Gabriele Kötschau:

Das Wort erhält Herr Abgeordneter Dr. Klug.

Dr. Ekkehard Klug [F.D.P.]:

Frau Präsidentin! Meine Damen und Herren!

In einem Faltblatt der Initiative "WIR gegen die Rechtschreibreform", das vor dem Volksentscheid vom 27. September letzten Jahres landesweit verteilt worden ist, heißt es: "Die Schleswig-Holsteiner werden jetzt eine Entscheidung treffen, die richtungsweisend sein wird für die anderen Bundesländer. Die Nachrichtenagenturen und damit praktisch auch die Tageszeitungen werden sich am Ausgang des Volksentscheids orientieren."

Diese Erwartung hat, wie wir heute wissen, in jeder Beziehung getrogen. Schleswig-Holstein ist eine Rechtschreibinsel geblieben, und die Presse wendet mittlerweile zum weit überwiegenden Teil - wenn auch mit einzelnen Abänderungen - die neuen Schreibweisen an.

In dieser Situation berät der Schleswig-Holsteinische Landtag heute, nach dem Vorstoß von Volker Rühe und Martin Kayenburg, erneut über das Thema Rechtschreibreform, und zwar rund ein Dreivierteljahr früher, als es die Fraktionen ursprünglich vereinbart hatten. Darf der Landtag einen per Volksentscheid beschlossenen Gesetzestext ändern beziehungsweise aufheben? Diese Frage hat einen rechtlichen und einen politischen Aspekt. Die Beratungen mit dem Wissenschaftlichen Dienst und in den Fraktionen haben zu dem Ergebnis geführt, daß wir die rechtliche Zulässigkeit eines solchen Vorgehens nach bestem Wissen und Gewissen bejahen. Es wäre im übrigen auch widersinnig, wenn der Landtag, der in Artikel 10 der Landesverfassung als das "Oberste Organ der politischen Willensbildung" in Schleswig-Holstein gekennzeichnet wird, in dieser Sache gehindert sein sollte, ein Gesetz zu beschließen.

Auf einem anderen Blatt steht freilich die politische Bewertung. Die F.D.P.-Fraktion hat sich die Entscheidung nicht leicht gemacht, den vorliegenden interfraktionellen Gesetzentwurf zu unterstützen. Vor allem der nahe zeitliche Abstand zum Termin des Volksentscheids wirft Fragen auf.

Andererseits ist klar: Ginge es nach dem Willen der Initiative gegen die Rechtschreibreform, so dürften die neuen Schreibregeln in diesem Land bis 2005 keinen Eingang in den Schulunterricht finden. So fordert es die Initiative in einem offenen Brief an die Landtagsabgeordneten vom 7. September 1999, also vor wenigen Tagen. Ein Moratorium bis 2005 würde bedeuten, daß schleswig-holsteinische Schülerinnen und Schüler während eines großen Teils ihrer Schulzeit, ja sogar fast während ihrer gesamten Schulzeit in den Schulen andere Schreibregeln lernen müßten als ihre Altersgenossen in allen anderen Bundesländern und im deutschsprachigen Ausland. Sie müßten in Schleswig-Holstein viele Jahre hindurch Schreibweisen lernen, die nicht mehr dem entsprechen, was jedenfalls in den heute erhältlichen Kinder- und Jugendbüchern, den Schulbüchern und den meisten Zeitungen und Zeitschriften üblich ist.

Ist es den jungen Schleswig-Holsteinern wirklich zuzumuten, in einer solchen - wahrlich abstrusen - Situation noch weitere sechs Jahre auszuharren, weil Erwachsene das so wünschen? Die Initiative "WIR gegen die Rechtschreibreform" erwartet das von den Abgeordneten des Landtags. Wer aus wohlerwogenen Gründen anders urteilt, wird es ihren Vertretern weder in diesem Jahr noch im Jahr 2000 noch bis zum Jahr 2005 recht machen können.

Über das Pro und Contra in Sachen Rechtschreibreform ist viel gestritten worden. Der Landtag hat über dieses Thema am 21. Februar 1997 sowie am 2. Juli, am 4. September und am 8. Oktober 1998 debattiert. Die F.D.P.-Fraktion hat dabei stets die Auffassung vertreten, daß eine vom übrigen Bundesgebiet abweichende schleswig-holsteinische Praxis, das heißt eine Rechtschreibinsel Schleswig-Holstein, vermieden werden müsse beziehungsweise auf längere Zeit nicht tragbar sei. In der Kontinuität dieser Haltung haben wir uns auch - und zwar unter gewissenhafter Abwägung der Bedenken, die gegen eine neue gesetzliche Regelung per Landtagsbeschluß vorgebracht werden können - dazu entschlossen, den vorliegenden Gesetzentwurf mitzutragen.

(Beifall bei F.D.P. und CDU)

Vizepräsidentin Dr. Gabriele Kötschau:

Das Wort hat Frau Abgeordnete Spoorendonk.

Anke Spoorendonk [SSW]:

Frau Präsidentin! Liebe Kolleginnen und Kollegen!

Auch der SSW hat sich - nach gründlicher Abwägung aller Argumente und im klaren Bewußtsein der Tragweite dieser Entscheidung - zu der Unterzeichnung des interfraktionellen Gesetzentwurfs entschlossen. Dazu stehen wir.

Ich weiß, daß viele Bürgerinnen und Bürger empört und zornig sind. Ich weiß, daß sie fragen, ob die Politiker sie für dumm verkaufen wollen, wenn der Landtag erst Volksentscheide zuläßt und dann gleich die erste vom Volk herbeigeführte Gesetzesänderung wieder aufhebt. Ich kann diese Gefühle gut verstehen und sehe auch die fatale Signalwirkung einer solchen Entscheidung. Wenn man sich - wie wir - lange und mit Nachdruck für mehr und bessere Mitspracherechte für Bürgerinnen und Bürger einsetzt, dann tut so etwas auch weh.

Wir haben es hier mit zwei unvereinbaren Grundsätzen zu tun, die beide zentrale politische Zielsetzungen des SSW sind: Einerseits geht es um den Ausbau plebiszitärer Elemente, andererseits um die Erfüllung unserer Verantwortung gegenüber den Schulkindern. Im konkreten Fall der Rechtschreibreform sind wir aber gezwungen, zwischen beiden zu entscheiden, denn sie lassen sich nicht unter einen Hut bringen. So differenziert auch die Abwägung zwischen Volksentscheid und Rechtschreibreform erfolgen muß, am Ende ist eine Entscheidung fällig, die nur einem der Ziele gerecht werden kann. Die Wahl steht zwischen einem nicht abzumessenden Schaden an der Demokratie und an dem Ansehen dieses Hauses einerseits und einer konkreten Beeinträchtigung des Wohls der Schulkinder durch eine Insellösung bei der Rechtschreibung andererseits. Kompromisse sind in diesem Fall nicht möglich.

Ich habe mich dafür entschieden, daß eine sofortige Beendigung der unhaltbaren Situation der Schülerinnen und Schüler Vorrang vor demokratietheoretischen Überlegungen haben muß. Ich möchte, daß die Schülerinnen und Schüler so schnell wie möglich beginnen können, sich in die neue Normalität einer geänderten deutschen Rechtschreibung einzuleben. Dies ist ein so dringendes Problem, daß es wichtiger ist als die bedingungslose Achtung des Volksentscheides des vergangenen Jahres und als das Werben um Verständnis für die Begrenzung des Schadens, der von diesem Entscheid ausgeht.

Es ist wichtig zu sagen, daß jetzt alle Mitglieder des Landtags aufgefordert sind, im Interesse der Bürgerinnen und Bürger Überzeugungsarbeit zu leisten, und zwar auch im kommenden Wahlkampf. Es kann nicht deutlich und nicht häufig genug gesagt werden, daß wir es uns mit dieser Entscheidung nicht leichtmachen, aber im Interesse der Kinder den Volksentscheid mißachten müssen. Das ist keine Phrase, sondern so, wie es ist. Ich sagte schon, daß die von dem Volksentscheid einzigen wirklich Betroffenen die Schulkinder sind. Diese hatten nicht die Möglichkeit, sich an dem Volksentscheid zu beteiligen.

Vor allem die Kolleginnen und Kollegen der CDU, die so vehement gegen die Rechtschreibreform gekämpft haben, haben hier eine große Bringschuld. Wenn wir am Freitag die Schulgesetzänderung beschließen, wird der gesamte Landtag die Suppe der CDU ausgelöffelt haben, die so große Bauchschmerzen bringt.

(Beifall bei BÜNDNIS 90/DIE GRÜNEN)

Was wir tun, tun wir aus Solidarität nicht mit der Union, sondern mit den Schulkindern im Land.

(Beifall bei SPD, BÜNDNIS 90/DIE GRÜNEN und F.D.P.)

Vizepräsidentin Dr. Gabriele Kötschau:

Das Wort erhält Frau Ministerin Erdsiek-Rave.

Ute Erdsiek-Rave, Ministerin für Bildung, Wissenschaft, Forschung und Kultur:

Frau Präsidentin! Meine Damen und Herren!

"Kinder müssen mit Erwachsenen sehr viel Nachsicht haben." Wenn man die Debatten, die in diesem Hause zur Rechtschreibreform geführt worden sind, insgesamt Revue passieren läßt, kann man nur sagen: Saint-Exupéry, von dem dieses Zitat stammt, hat recht.

Ich muß es mir aus Zeitgründen und anderen Gründen versagen, aus den eben genannten Debatten, insbesondere des vergangenen Jahres, hier zu zitieren. Aber lesen Sie vielleicht in einer stillen Stunde doch einmal nach, was hier von Ihrer Seite alles dazu gesagt worden ist! Vielleicht bringt der eine oder andere von Ihnen die Größe auf, sich bei meiner Vorgängerin für die eine oder andere Formulierung zu entschuldigen.

(Beifall bei der SPD - Meinhard Füllner [CDU]: Das müßten Sie aber zitieren!)

Nein, das zitiere ich jetzt nicht, lieber Herr Kollege Füllner! Wenn Sie ehrlich sind, wissen Sie schon, was ich meine. Sie haben eben damals nicht darüber nachgedacht, was es für die Schülerinnen und Schüler in Schleswig-Holstein bedeutet, wenn sie anders schreiben als alle Bundesländer außerhalb Schleswig-Holsteins. Unsere damalige Warnung, daß wir in eine Insellage gerieten, haben Sie schlichtweg in den Wind geschlagen.

Ich war am Montag zu einem Besuch auf Helgoland, sozusagen auf der Insel der Insel. Dort wurde ich auf dem Schulhof mit selbstgemalten Plakaten empfangen mit der Aufschrift: "Wir wollen die neue Rechtschreibung!" Wissen Sie, warum das so war? Weil die Absolventen der Helgoländer Realschule alle nach Niedersachsen wechseln, um dort ins Internat oder in niedersächsische Berufsschulen zu gehen, zum Beispiel nach Cuxhaven. Die Schüler haben wirklich die Befürchtung, daß ihnen der bisherige Zustand auf Dauer Schaden bringt. Die isolierte Situation hat sich für viele Schüler konkret ausgewirkt. Viele Schulklassen haben mir in den letzten Monaten geschrieben. Ich mußte immer wieder antworten: Es steht nicht in meiner Macht, den Zustand von mir aus zu verändern.

Was die Schülerinnen und Schüler vorbrachten, will ich zitieren. Ich lese einmal aus einem Brief des Elsensee-Gymnasiums in Quickborn vor: "Der letzte und unserer Meinung nach der wichtigste Grund wäre der, daß wir große Nachteile haben werden, wenn wir ein Studium in einem anderen Bundesland aufnehmen wollen oder uns für eine Stelle bewerben. Wenn man dort unsere Bewerbungsschreiben liest, wird man sich wahrscheinlich fragen: Wo kommt die denn her? Die kann ja nicht mal richtig schreiben. Es sei denn, daß man mit Sätzen wie 'Entschuldigen Sie bitte meine Rechtschreibung, aber ich komme aus Schleswig-Holstein' unterzeichnet."

(Heiterkeit und Beifall bei der SPD)

In Sachen Rechtschreibreform gibt es Gegner, Befürworter und Pragmatiker. Ich zähle mich, offengestanden, zu letzteren. Man kann es aber drehen und wenden, wie man will, es geht künftig nicht mehr anders als in der neuen Rechtschreibung. Der Zug ist abgefahren. Die vieldiskutierte und zum Teil zu Recht kritisierte Reform ist nicht mehr aufzuhalten. Deswegen freue ich mich jetzt für unsere Schülerinnen und Schüler, daß der Landtag gemeinsam die Einführung der neuen Rechtschreibung in unsere Schulen beschließen will. Ich werde das Gesetz - Herr de Jager, keine Sorge, ich habe daran ein hohes Interesse - zügig umsetzen. Der Erlaß ist bereits vorbereitet. Nach den Herbstferien kann die neue Rechtschreibung unterrichtet werden. Allerdings muß ein ordnungsgemäßer Gang eingehalten werden. Für unsere Schülerinnen und Schüler ist es wichtig, daß die Insellage beendet wird. Aber gestatten Sie mir als Kultusministerin auch ein Wort zu dem, was wir hier eigentlich tun, nämlich dazu, wie die Volksvertretung mit dem Volksentscheid umgeht; dies steht schon auf einem etwas anderen Blatt. Das ist schon mehr als ein Wermutstropfen in der Freude. Wenn die Volksvertretung so etwas macht, braucht sie schon sehr, sehr gute Gründe. Diese liegen für mich einzig und allein in dem Wohl unserer Kinder.

(Beifall bei SPD und F.D.P.)

Ich stimme der Kollegin Spoorendonk zu, die gesagt hat, man müsse für diese Entscheidung werben, damit sie nicht gewissermaßen zu einer mißtrauensbildenden Maßnahme wird. An uns allen gemeinsam liegt es, es zu vermitteln, warum wir eine Entscheidung wie die heutige so treffen.

Ich wünsche und hoffe, daß alle Seiten - Befürworter, Gegner und Pragmatiker - bei dem, was wir jetzt tun beziehungsweise vorhaben, immer an das Wohl der Kinder und an die Folgen denken. Unsere Kinder haben es jedenfalls nicht verdient, daß Politik auf ihrem Rücken und ihre Kosten gemacht wird. Ich greife das an den Anfang meiner Ausführungen gestellte Zitat wieder auf und sage: Kinder sollen nicht Nachsicht mit Erwachsenen haben müssen, Kinder sollen Vertrauen in die Erwachsenen haben.

(Beifall bei SPD, BÜNDNIS 90/DIE GRÜNEN, F.D.P. und vereinzelt bei der CDU)

Vizepräsidentin Dr. Gabriele Kötschau:

Ehe ich Herrn Minister Dr. Wienholtz das Wort erteile, möchte ich in der Besucherloge herzlich den Kinderbeauftragten, unseren früheren Kollegen Horst Hager, begrüßen.

(Beifall)

Herr Minister Dr. Wienholtz, Sie haben das Wort.

Dr. Ekkehard Wienholtz, Innenminister:

Frau Präsidentin! Meine sehr verehrten Damen und Herren!

Mit dem vorliegenden interfraktionellen Gesetzentwurf zur Änderung des Schulgesetzes können Schul- und Amtssprache in inhaltlichem und zeitlichem Gleichklang weiterentwickelt werden. Ich freue mich, daß ich mit meinem Erlaßentwurf zur Amtssprache kurz vor der Sommerpause dazu mit einen Anstoß geben konnte.

Lassen Sie mich zur verfassungsrechtlichen Lage folgendes sagen. Diese Lage wird zu Recht heftig diskutiert. Weder die Landesverfassung noch das Volksabstimmungsgesetz enthält Regelungen, die es dem Parlament verwehren würden, ein durch das Volk beschlossenes Gesetz zu ändern. Zwar wird in der verfassungsrechtlichen Literatur vereinzelt die Ansicht vertreten, daß volksbeschlossene Gesetze grundsätzlich nur durch das Volk geändert werden dürfen beziehungsweise daß sie vom Parlament, allerdings erst in der folgenden Legislaturperiode, verändert werden dürfen. Andere Autoren vertreten dagegen die Auffassung, volksbeschlossene Gesetze seien jederzeit durch das Parlament veränderbar. Diese Auffassung entspricht der Verfassungsrechtslage in unserem Land. Sie folgt daraus, daß unsere Verfassung kein Rangverhältnis zwischen Volks- und Parlamentsgesetz normiert hat. Im Gegenteil, Artikel 37 Abs. 2 der Landesverfassung stellt die Verabschiedung von Gesetzen durch den Landtag und durch das Volk ausdrücklich alternativ nebeneinander. Damit gibt die Landesverfassung gerade keine Rechtfertigung für eine Höherrangigkeit einer der beiden Beschlußmöglichkeiten. So ist es unstreitig, daß das Volk jederzeit ein vom Parlament beschlossenes Gesetz ändern oder aufheben kann. Ob das politisch sinnvoll ist oder nicht, ist eine Frage, mit der sich dieses Hohe Haus ja intensiv beschäftigt hat. Nur müssen wir wissen, daß es nicht genügt, etwa das Volksabstimmungsgesetz zu ändern, ohne eine Änderung der Verfassung herbeizuführen. Denn nur in der Verfassung kann die wesentliche Frage des Rangunterschieds der Gesetzgebung und des Volksentscheids geregelt werden.

Insgesamt bestehen aus meiner Sicht auf der Grundlage der

gegenwärtigen Verfassungsrechtslage gegen das hier vorgesehene Verfahren also keine verfassungsrechtlichen Bedenken.

Die Landesregierung wird sich Ende dieses Monats erneut mit der Umsetzung der Rechtschreibreform in die Amtssprache befassen. Ich werde dem Kabinett vorschlagen, die neue Rechtschreibung ab sofort in die gesamte Landesverwaltung einzuführen. In einem Punkt allerdings werden wir uns von den Schulen unterscheiden: In Gesetzentwürfen, Verordnungen und Bundesratsvorlagen kann natürlich nicht die herkömmliche oder reformierte Rechtschreibung beliebig verwendet werden. Für die tägliche Verwaltungspraxis erwarten wir, daß die Mitarbeiterinnen und Mitarbeiter bemüht sein werden, die zunehmend reformierte Rechtschreibung zu praktizieren. Damit lassen wir ganz bewußt einen Prozeß der Umgewöhnung zu und nutzen dabei Übergangsfristen, wie sie auch die Wiener Absichtserklärung vorsieht.

(Beifall im ganzen Haus)

Vizepräsidentin Dr. Gabriele Kötschau:

Gibt es weitere Wortmeldungen? - Das ist nicht der Fall. Ich schließe die Beratung.

Es ist beantragt worden, den Gesetzentwurf dem Bildungsausschuß zu überweisen. Eine Mitberatung wird nicht beantragt.

Wer dem zustimmt, den bitte ich um das Handzeichen. - Gegenstimmen! - Enthaltungen? –

Das ist einstimmig so beschlossen.

Quelle:
http://www.mehr-demokratie.de/sh/daten/aufhebng.htm

Anhang 18

<u>Der Artikel 20 des Grundgesetzes</u>

Grundgesetz für die Bundesrepublik Deutschland
Artikel 20
[Verfassungsgrundsätze – Widerstandsrecht]

(1) Die Bundesrepublik Deutschland ist ein demokratischer und sozialer Bundesstaat.
(2) Alle Staatsgewalt geht vom Volke aus. Sie wird vom Volke in Wahlen und Abstimmungen und durch besondere Organe der Gesetzgebung, der vollziehenden Gewalt und der Rechtsprechung ausgeübt.
(3) Die Gesetzgebung ist an die verfassungsmäßige Ordnung, die vollziehende Gewalt und die Rechtsprechung sind an Gesetz und Recht gebunden.
(4) Gegen jeden, der es unternimmt, diese Ordnung zu beseitigen, haben alle Deutschen das Recht zum Widerstand, wenn andere Abhilfe nicht möglich ist.